Philipp Beyer

Lebendige Tafelbilder
Wirtschaft

Plus CD
Mit allen Tafelbildern als PowerPoint

Auer

Die Internetadressen, die in diesem Werk angegeben sind, wurden vom Verlag sorgfältig geprüft (Redaktionsschluss Juli 2016). Da wir auf die externen Seiten weder inhaltliche noch gestalterische Einflussmöglichkeiten haben, können wir nicht garantieren, dass die Inhalte zu einem späteren Zeitpunkt noch dieselben sind wie zum Zeitpunkt der Drucklegung. Der Auer Verlag übernimmt deshalb keine Gewähr für die Aktualität und den Inhalt dieser Internetseiten oder solcher, die mit ihnen verlinkt sind, und schließt jegliche Haftung aus.

Hinweisen an info@auer-verlag.de auf veränderte Inhalte verlinkter Seiten werden wir selbstverständlich nachgehen.

Bildquellenverzeichnis

S. 12: Boxhandschuh: Free Clip Art Provided by Artclips.com © 2007. All Rights Reserved.

S. 20: Karte der BRD © David Linzzo-wikipedia.org

S. 34: Bundeswappen Deutschlands. Dieses Bild stellt das Wappen einer deutschen Köperschaft des öffentlichen Rechts dar. Nach § 5 Abs. 1 UrhG (Deutschland) sind amtliche Werke wie Wappen gemeinfrei.

S. 36: FAIRTRADE: Alle Rechte TransFair e. V.

S. 76: Girocard und Geldkarte © EURO Kartensysteme GmbH

Alle weiteren Bilder: www.clker.com oder Philipp Beyer

Die Vorlagen auf der CD-ROM sind optimiert für Microsoft PowerPoint 2000/2003.

Gedruckt auf umweltbewusst gefertigtem, chlorfrei gebleichtem und alterungsbeständigem Papier.

3. Auflage 2016
Nach den seit 2006 amtlich gültigen Regelungen der Rechtschreibung

Umschlagfoto: Mauritius Images
Satz: Typographie & Computer, Krefeld
Druck und Bindung: Kessler Druck + Medien GmbH, Bobingen
ISBN 978-3-403-**06587**-6

www.auer-verlag.de

Inhalt

Einleitung

Ein gut strukturiertes Tafelbild lässt den Betrachter mit einem Blick die Ergebnisse einer Unterrichtsstunde erfassen. Bei entsprechender Gestaltung dient es auch als wirksame Gedächtnisstütze.

Im Wirtschaftsunterricht, wo es darum geht, komplexe Sachverhalte verständlich zu machen bzw. komplizierte Ursache- und Wirkungszusammenhänge, Entsprechungen und Oppositionen klar herauszuarbeiten, bietet sich das gemeinsame Entwickeln von Tafelbildern besonders an.

Bei der Erarbeitung von Tafelbildern sind Lehrer und Schüler[1] in den Vermittlungsprozess aktiv einbezogen, sie werden nicht durch ein apersonales Medium ersetzt oder in die Rolle passiver Rezipienten gedrängt. So durchdringen Schüler den Lehrstoff besser und schneller und behalten ihn länger im Gedächtnis. Hinzu kommt, dass Sie die Lerninhalte übersichtlich strukturieren und auf die wichtigsten Schwerpunkte eingrenzen können. Ein klares, mit den Schülern erarbeitetes Tafelbild kann häufig langatmige, breite Erläuterungen ersetzen. Wichtig ist hierbei, dass nicht isolierte Merksätze an der Tafel stehen, sondern dass durch klare Anordnung und Verbindung mittels Symbolen ein bestimmter Zusammenhang hergestellt wird. Vorteilhaft wirkt sich auch aus, dass durch die Visualisierung des bereits Erarbeiteten der Lernprozess gefördert wird. Ein gutes Tafelbild ermöglicht den Lernenden aber auch einen Blick voraus. Noch unbeschriebene Tafelflächen oder ins Leere weisende Pfeile zeigen den Schülern, was noch zu erarbeiten ist und welche Bereiche des Lerninhalts noch offen sind. Durch solcherlei Zielvorgaben steuern Sie den Lernprozess und beleben die Vorstellungskraft und das Denkvermögen der Schüler und lenken ihre Aufmerksamkeit in die gewünschte Richtung.

Dieses Buch enthält die vollständigen Tafelbilder thematisch geordnet, aufgebaut im Doppelseitenprinzip mit dazu passenden didaktisch-methodischen Hinweisen sowie Erläuterungen zur Präsentation. Diese erleichtern Ihnen die schrittweise Erarbeitung des Tafelbilds mit Ihren Schülern.

Wenn Sie vermeiden wollen, durch längere Tafelanschriften den Kontakt mit der Klasse zu verlieren und es die technischen Bedingungen in Ihrer Schule erlauben, bietet es sich an, die PowerPoint-Version der Tafelbilder zu nutzen. Auf der beiliegenden CD-ROM finden Sie alle Tafelbilder zusätzlich als veränderbare PowerPoint-Präsentation – natürlich in Farbe und grafisch hervorragend aufbereitet. Mühelos können Sie so die Inhalte Ihrem individuellen Unterricht anpassen, mit einem Klick effektvoll in Szene setzen und eventuell auch Ihren Schülern ausdrucken.

Außerdem beinhaltet die CD-ROM die Tafelbilder auch als Blanko-Arbeitsblatt, in das die Schüler die passenden Begriffe eintragen. Somit ist sichergestellt, dass auch schwierigere grafische Schemata richtig dargestellt werden und die Selbsttätigkeit der Schüler gefördert wird. Diese Blanko-Vorlagen können Sie auch zur Lernerfolgskontrolle nutzen. Sowohl die PowerPoint-Präsentationen als auch die Arbeitsblätter können Sie natürlich auch auf Folie ziehen und mit dem OHP verwenden. Die PowerPoint-Präsentationen eignen sich ebenfalls hervorragend für die Nutzung an interaktiven Tafeln/Whiteboards.

---

1 Wenn in diesem Buch von Schüler gesprochen wird, ist immer auch die Schülerin gemeint. Ebenso verhält es sich mit Lehrer und Lehrerin.

1.1 Wirtschaftliches Handeln

Langer Wunschzettel, zu wenig Geschenke – wirtschaftliches Handeln

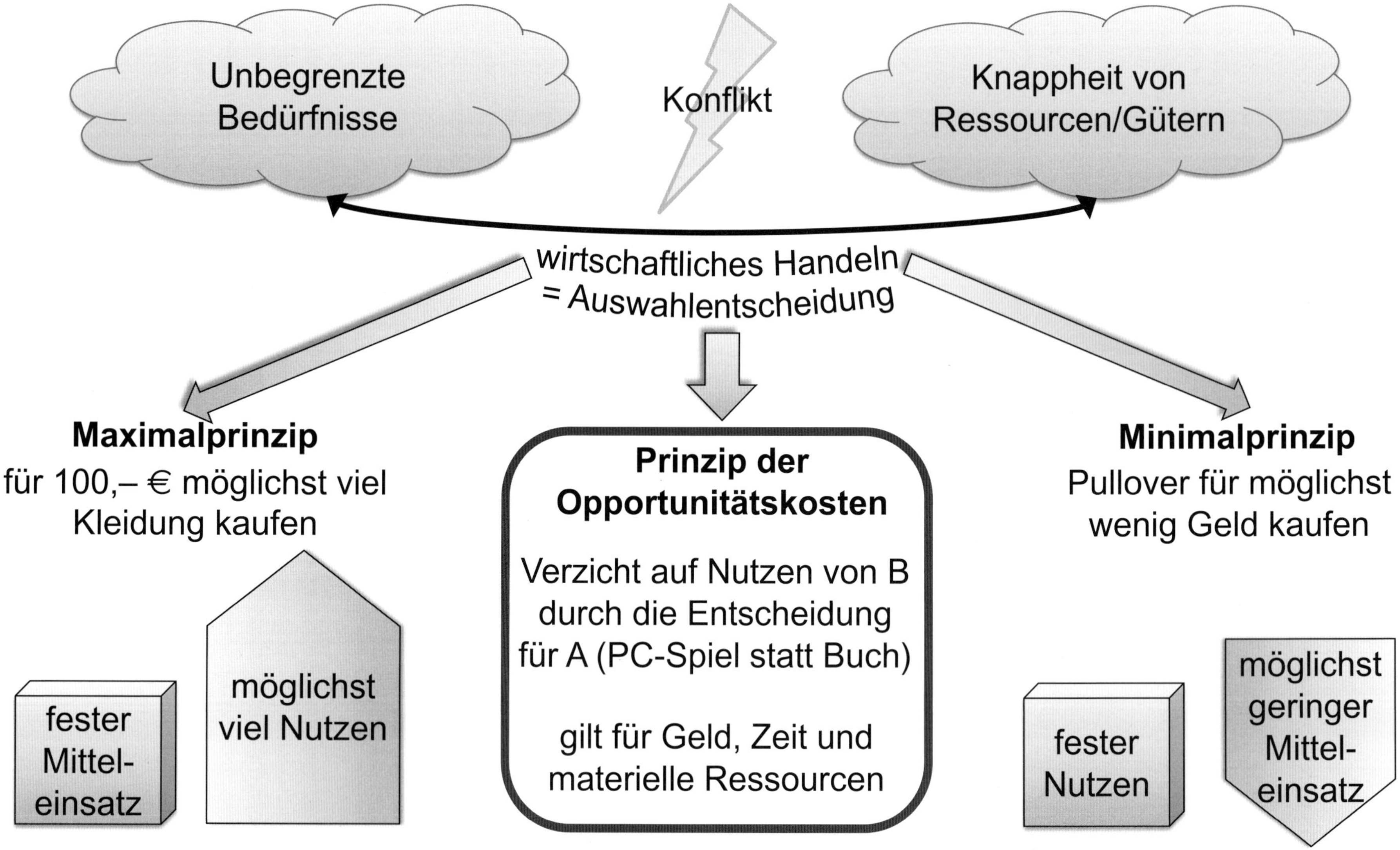

1.1 Wirtschaftliches Handeln

Didaktisch-methodische Hinweise

Dieses Tafelbild erklärt die Ursache wirtschaftlichen Handelns, resultierend aus der Güterknappheit, welche auf die schier unendlichen Bedürfnisse des Menschen stößt. Die Folge für den Menschen ist stets eine Auswahlentscheidung, wie er die zur Verfügung stehenden Ressourcen nutzen will. Als Einstieg bieten sich daher auch typische Situationen aus der Schülerwelt an, seien es die mangelnden Geschenke zur Weihnachtszeit oder die Knappheit des Taschengeldes. Hier können Schüler von ihren Erfahrungen berichten, die man im weiteren Verlauf auch gut wieder aufgreifen kann. Alternativ ist die Geschichte des Robinson Crusoe von Daniel Defoe ein möglicher Einstieg. Die Geschichte ist den Schülern weitestgehend bekannt und Crusoe bietet in seiner Einmannvolkswirtschaft eine gute Kulisse für die (Lebens-) Notwendigkeit wirtschaftlichen Handelns.

Auswahlentscheidungen wiederum unterliegen dem Prinzip der Opportunitätskosten, welche keine rein monetäre Größe sind, sondern auch Zeit und andere materielle Ressourcen betreffen (siehe Beispiele unten).

Schließlich zwingt die Knappheit zu wirtschaftlichem, effizientem Handel, wofür das Minimal- bzw. das Maximalprinzip Beispiele darstellen, die für Schüler sehr leicht einsichtig sind.

Erläuterungen zur Präsentation

1. Unbegrenzte Bedürfnisse
2. Knappheit von Ressourcen
3. Konflikt zwischen den beiden Gegebenheiten
4. Wirtschaftliches Handeln als Reaktion auf den Konflikt
5. Opportunitätskosten als Denkmodell des Konsums
6. Allgemeine Erläuterung des Prinzips der Opportunitätskosten
7. Anwendungsgebiete für das Prinzip der Opportunitätskosten
   Geld: Wenn man 40,00 € für ein PC-Spiel ausgibt, so kann man das Geld nicht mehr für etwas anderes ausgeben.
   Zeit: Wenn man ins Kino geht, so kann man in dieser Zeit kein Buch lesen. (Und darum sollte man auch das Kino bei einem schlechten Film verlassen, da man so seinen Nutzen erhöhen kann!)
   Ressourcen: Verbaut man ein Brett, so kann man es nicht mehr verheizen.
8. Vorstellung des Maximalprinzips mit Beispiel
9. Fester Mitteleinsatz …
10. … soll möglichst hohen Nutzen erzielen.
11. Vorstellung des Minimalprinzips mit Beispiel
12. Fester Nutzen …
13. … soll mit möglichst geringem Mitteleinsatz erreicht werden.

1.2 Angebot, Nachfrage und Preisbildung

Wer legt den Preis von Füllern fest? – Angebot, Nachfrage und Preisbildung

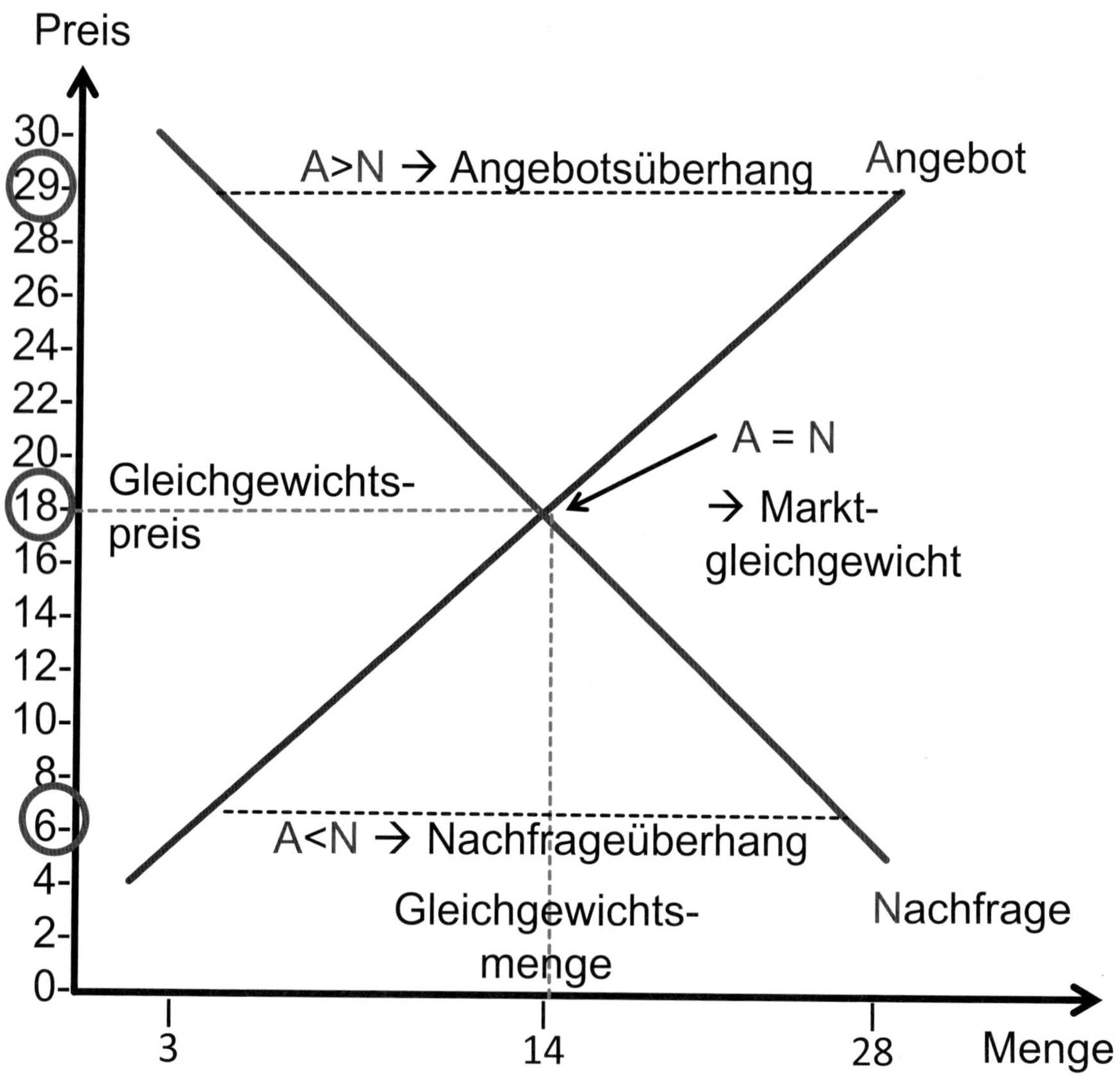

Angebot
Je höher der Preis, desto mehr Anbieter können kostendeckend anbieten. (Gewinnaussichten)

Markt
Treffpunkt von Angebot und Nachfrage (Preisbildung, Marktmechanismus)

Nachfrage
Je niedriger der Preis, desto mehr Nachfrager wollen das Gut kaufen. (Preisbereitschaft)

1.2 Angebot, Nachfrage und Preisbildung

Didaktisch-methodische Hinweise

In diesem Tafelbild soll der Wirkzusammenhang von Angebot und Nachfrage im klassischen Modell dargestellt werden. Als Ausgangsfrage könnte der zweite Teil der Überschrift dienen. Wer legt den Preis von Gütern fest? Gibt es eine Person, die diese lenkt?

Begonnen wird mit der Erläuterung der Nachfragekurve, welche die Preisbereitschaft der Konsumenten wiedergibt. Den Kurvenverlauf kann man durch eine fingierte Versteigerung recht gut erarbeiten. Fragen Sie Ihre Schüler, wer für einen gegebenen Preis z. B. einen Füller kaufen würde. Nun senken Sie den Preis und fragen dann erneut nach den Kaufwilligen. Auf diese Art und Weise sollte sich dann recht schön die fallende Nachfragekurve ergeben.

Die Steigung der Angebotskurve (eine Aggregation mikroökonomischer Grenzkostenkurven) spiegelt die Tatsache wieder, dass sich mit steigendem Preis immer mehr Unternehmen finden, die zu dem gegebenen Preis kostendeckend anbieten und damit am Marktgeschehen teilnehmen können.

Das Aufeinandertreffen der beiden Kurven führt schließlich zur Preisbildung auf dem entsprechenden Markt und führt diesen in ein Gleichgewicht. Die Fälle des Angebots- bzw. Nachfrageüberhangs dienen zur Illustration der Gleichgewichtseinstellung. Zu hohe Preise lassen ein Überangebot entstehen, das Preissenkungen zur Folge hat. Zu niedrige Preise bedingen einen Nachfrageüberhang, der zu Preissteigerungen führt.

Erläuterungen zur Präsentation

1. Aufbau der beschrifteten Achsen
2. Nachfragekurve
3. Erklärung der Neigung der Nachfragekurve
4. Angebotskurve
5. Erklärung der Neigung der Angebotskurve
6. Markt als Treffpunkt von Angebot und Nachfrage
7. Fixierung eines markträumenden Preises
8. Abtragung der Menge bei Markträumungspreis
9. Gleichung A = N mit der Folge Markträumung
10. Benennung von Gleichgewichtspreis und -menge
11. Fixierung eines erhöhten Preises
12. Abtragung der Mengen für Angebot und Nachfrage
13. Benennung des Begriffs Angebotsüberhang
14. Fixierung eines verminderten Preises
15. Abtragung der Mengen für Angebot und Nachfrage
16. Benennung des Begriffs Nachfrageüberhang

1.3 Angebots- und Nachfrageverschiebungen

Was hat Mode mit Angebot und Nachfrage zu tun? – Angebots- und Nachfrageverschiebungen

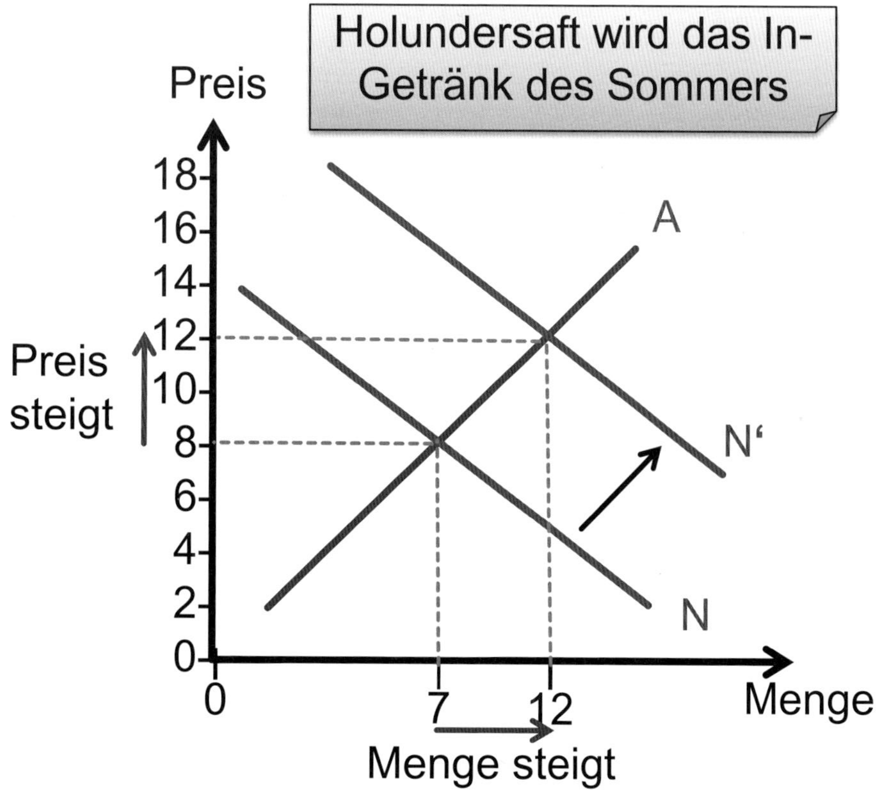

Einflussfaktoren auf die Nachfrage:

- Preis
- Einkommenshöhe
- Preise vergleichbarer Güter
- Geschmäcker, Vorlieben, Mode

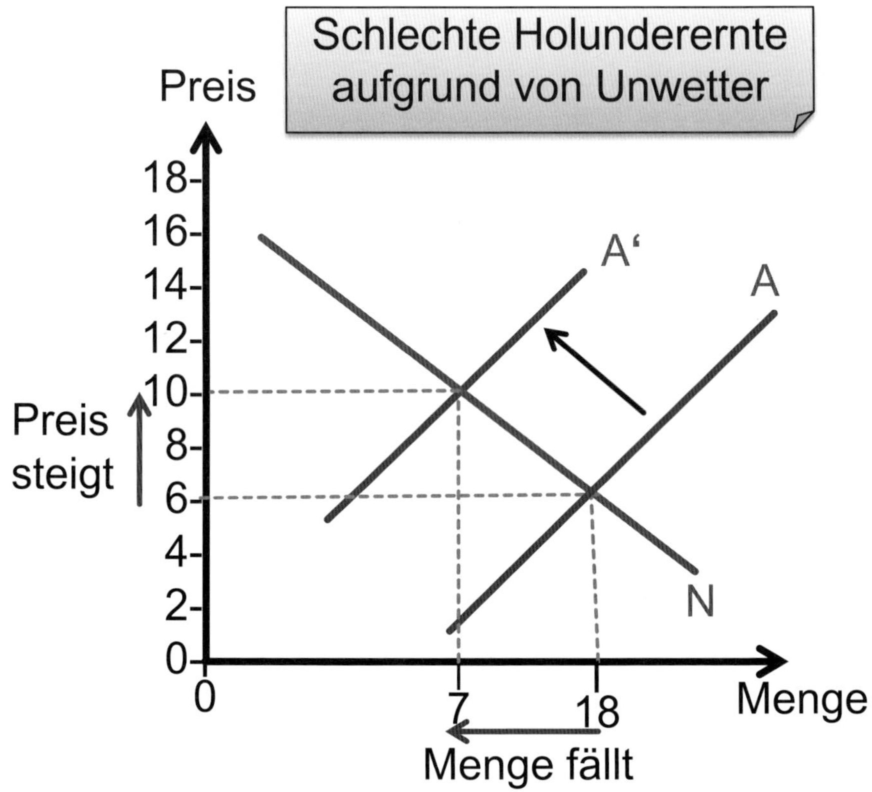

Einflussfaktoren auf das Angebot:

- Preis
- Herstellungskosten (Inputfaktoren, Technologie)
- Gewinnerwartung

1.3 Angebots- und Nachfrageverschiebungen

Didaktisch-methodische Hinweise

Aufbauend auf die Einführung von Angebot und Nachfrage beschäftigt sich dieses Tafelbild mit den Verschiebungen der beiden Kurven. Hierbei ist Folgendes zu beachten: Sowohl Angebot als auch Nachfrage werden durch verschiedenste Faktoren beeinflusst. Im Grundmodell geht man davon aus, dass sich lediglich der Preis ändert. Für alle anderen Determinanten gilt die Ceteris-Paribus-Regel. Daher ist eine Preisänderung immer eine Bewegung entlang der Kurve, während Veränderungen der anderen Bestimmungsfaktoren, wie z. B. die Einkommenshöhe bei der Nachfrage, zu einer Verschiebung der jeweiligen Kurve führen.

Für die Umsetzung bietet sich ein aktueller Modeartikel (wieder engere Jeans statt Baggyhosen, neuer MP3-Player mit integriertem Telefon etc.) aus der Schülerwelt an. Wandeln Sie das Beispiel entsprechend der Klassensituation ab.

Zur Vertiefung sollten unbedingt weitere Beispiele durchgespielt werden, entweder als Puffer oder als Hausaufgabe.

Erläuterungen zur Präsentation

1. Aufbau der beschrifteten Achsen (links)
2. A-N-Kurve mit abgetragener Menge/Preis
3. Ereignis: Holundersaft wird Modegetränk
4. Verschiebung der Nachfragekurve
5. Abtragung neuer Menge/Preis
6. Preisveränderung (Steigerung)
7. Mengenveränderung (Steigerung)
8. Aufbau der beschrifteten Achsen (rechts)
9. A-N-Kurve mit abgetragener Menge/Preis
10. Ereignis: Schlechte Holunderernte
11. Verschiebung Angebotskurve
12. Abtragung neuer Menge/Preis
13. Preisveränderung (Steigerung)
14. Mengenveränderung (Senkung)
15. Teilüberschrift: Einflussfaktoren Nachfrage
16. Einblendung der einzelnen Faktoren
17. Teilüberschrift: Einflussfaktoren Angebot
18. Einblendung der einzelnen Faktoren

1.4 Wettbewerb in der Marktwirtschaft

Wer sorgt dafür, dass es ganzjährig Tomaten zu kaufen gibt? – Wettbewerb in der Marktwirtschaft

Preis
- Sonderangebot
- Finanzierungskauf

Service
- Tankwart
- Beratung

Konditionen
- Zahlungsziele
- Lieferbedingungen

Innovation
- neue Produkte
- Weiterentwicklung

Erscheinungsbild

Funktionen

Steuerungsfunktion
Bereitstellung von bedarfsgerechtem Angebot an Gütern

Kontrollfunktion
Begrenzung wirtschaftlicher und gesellschaftlicher Macht

Allokationsfunktion
Effiziente Nutzung der Produktionsfaktoren (höchste Kapitalverzinsung)

Verteilungsfunktion
Leistungsgerechte Verteilung des Einkommens

Anpassungsfunktion
Konkurrenz- und Effizienzdruck zwingt zu Innovationen

1.4 Wettbewerb in der Marktwirtschaft

Didaktisch-methodische Hinweise

„Wer sorgt eigentlich dafür, dass es in einem Supermarkt ganzjährig Tomaten gibt? Wird dies vom Marktleiter geplant? Spricht er mit den Bauern? Sorgt er für den Antransport aus fernen Ländern? …"
Im Gegensatz zu einer Zentralverwaltungswirtschaft fungiert in der freien Marktwirtschaft der Wettbewerb zwischen verschiedenen Anbietern als Steuerungsinstanz. Ausgelöst durch das Streben, sich auf dem Markt zu behaupten, wetteifern die Anbieter um die Kunden und erhalten im gleichen Atemzug wie durch „unsichtbare Hand" ein höchst effizientes System.

Das Tafelbild unterscheidet hierbei zwischen dem Erscheinungsbild des Wettbewerbs und seinen Funktionen. Je nach Vorwissen, Schulart und Jahrgangsstufe ist es notwendig, das Tafelbild um Beispiele zu erweitern, um Fachtermini zu reduzieren oder den Inhalt auf zwei Unterrichtsstunden zu verteilen.

Erläuterungen zur Präsentation

1. Anbieter (symbolisiert durch zwei Boxhandschuhe)
2. Aufeinandertreffen von Anbietern führt zu Wettbewerb
3. Erscheinungsbild
4. **Preis:** Wettbewerb rein über den Preis, aber auch über Sonder- und Finanzierungsangebote
5. **Service:** Wettbewerb über den Service, z. B. durch Beratung, Reparatur, erweiterte Garantie, …
6. **Konditionen:** Wettbewerb über die eingeräumten Konditionen, wie z. B. Zahlungsziel oder Lieferbedingungen
7. **Innovation:** Wettbewerb über Innovation. Unternehmen können durch Weiter- und Neuentwicklungen nicht nur oft ihre Marktposition verbessern, sondern auch Pioniergewinne abschöpfen, bis diese durch Nachahmung wieder abschmelzen.
8. Funktionen
9. **Steuerungsfunktion:** Wettbewerb sorgt für die Bereitstellung von Gütern und Dienstleistungen, die den Kundenwünschen entsprechen (z. B. Tamagotchis, Benzin sparende Autos, …).
10. **Allokationsfunktion:** Wettbewerb lenkt die Produktionsfaktoren Arbeit, Boden und vor allem Kapital stets dorthin, wo es am effizientesten genutzt wird. Dies führt auch zu national unliebsamen Effekten, wie z. B. Werksverlagerungen.
11. **Verteilungsfunktion:** Wettbewerb verteilt Gewinne an die besten Unternehmen, die am effektivsten wirtschaften, am innovativsten sind, …
12. **Anpassungsfunktion:** Wettbewerb sorgt dafür, dass unwirtschaftliche Unternehmen/Branchen vom Markt verschwinden (z. B. Steinkohlebergbau in Deutschland: Subventionen behindern bei diesem Beispiel diese Funktion).
13. **Kontrollfunktion:** Funktionierender Wettbewerb begrenzt meist wirtschaftliche Vormachtstellungen (Franz Böhm: „genialstes Entmachtungsinstrument").

1.5 Das Marktmodell

Warum sind die Preise in den Geschäften unterschiedlich? – Das Marktmodell

Das Marktmodell geht von vollkommenen Märkten (Idealtyp) aus, auf denen Angebot und Nachfrage frei aufeinandertreffen und so optimale Preise und Wettbewerb erzeugen.

Marktteilnehmer haben alle Informationen über Preise, Qualität, ...

- Gebrauchtwagenkauf
- Handytarife

Marktteilnehmer haben keine persönlichen Vorlieben für Handelspartner, Produkte, ...

- befreundeter Betrieb
- Treuepunktaktionen

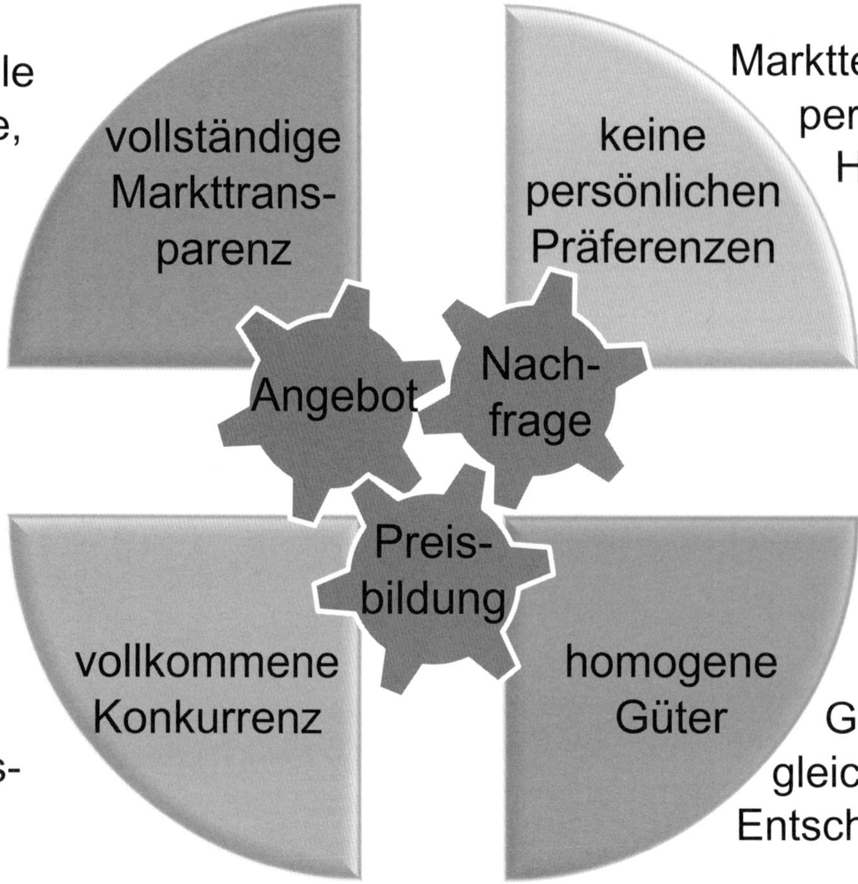

- Strommarkt
- Schornsteinfeger

Mehrere Anbieter und Nachfrager, keine Handelsschranken (z. B. Zölle), ...

- Benzin
- Strom

Güter des Marktes sind gleichwertig, nur Preis als Entscheidungskriterium

1.5 Das Marktmodell

Didaktisch-methodische Hinweise

Modelle sind keine reinen Abbildungen der Wirklichkeit, sondern stets zielgerichtete Konstruktionen der Wirklichkeit. Auf die Merkmale von Modellen (Abbildungs-, Verkürzungs- bzw. Subjektivierungsmerkmal) könnte je nach Zeitplan und Schülergruppe gesondert eingegangen werden.

Dem Modell des vollkommenen Marktes liegen ebenso Annahmen zugrunde, die in diesem Tafelbild herausgearbeitet und illustriert werden sollen. Es empfiehlt sich, anhand von Negativbeispielen zu arbeiten, da hieran die Funktionsunfähigkeit des Modells recht gut ersichtlich ist. Bei den homogenen Gütern als Modellannahme wurden Positivbeispiele gewählt, da gerade diese Annahme sehr selten zutrifft. Ein Exkurs zum Thema Markenbildung (Branding) ist als Illustration lohnend, da die Schüler so besser verstehen, dass Unternehmen hiermit versuchen, sich dem Preismechanismus und damit dem Wettbewerb ein Stück weit zu entziehen.

Erläuterungen zur Präsentation

1. Verzahnung von Angebot, Nachfrage und Preisbildung:
   Bietet sich an, um den grundlegenden Preismechanismus und die Funktionen des Wettbewerbs zu wiederholen.
2. Definition des Marktmodells als Idealtypus
3. **Vollständige Markttransparenz** als Modellannahme
4. Erläuterung des Begriffs der Markttransparenz
5. Negativbeispiele: Gebrauchtwagenkauf, da hier Käufer meist nicht über versteckte Mängel etc. informiert sind, bzw. Handytarife, da diese so intransparent gestaltet sind, dass ein Preisvergleich enorm erschwert wird.
6. **Keine persönlichen Präferenzen** als Modellannahme
7. Erläuterung des Begriffs der persönlichen Präferenz
8. Negativbeispiele: Bevorzugung eines befreundeten Unternehmens bzw. Treuepunktaktionen blenden den Preis und damit den Wettbewerb teilweise aus.
9. **Vollkommene Konkurrenz** als Modellannahme
10. Erläuterung des Begriffs der vollkommenen Konkurrenz
11. Negativbeispiele: Strommarkt in Deutschland als Oligopol, Schornsteinfeger als Gebietsmonopol (endet 2012 teilweise)
12. **Homogene Güter** als Modellannahme
13. Erläuterung des Begriffs der homogenen Güter
14. Da gerade diese Annahme sehr selten zutrifft, wurden hier Positivbeispiele gewählt.

1.6 Marktformen

Warum sind die Telefonkosten so stark gefallen? – Marktformen

Monopol

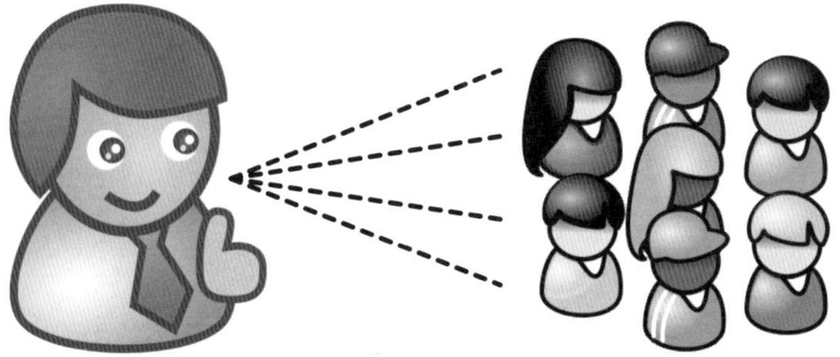

ein Anbieter — viele Nachfrager

Beispiel: Lokale Wasserversorgung

unvoll-kommene Märkte

Oligopol

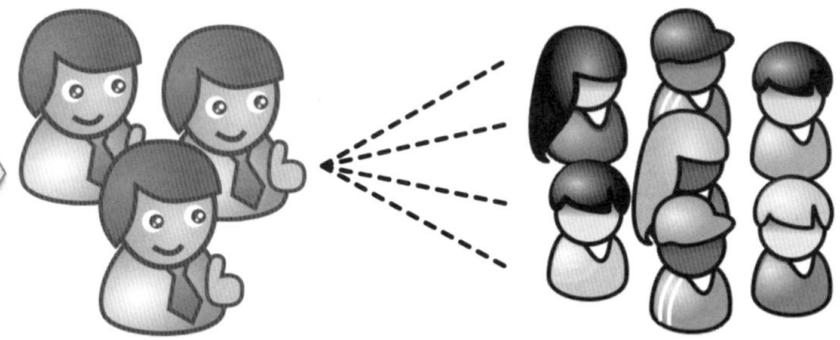

wenige Anbieter — viele Nachfrager

Beispiel: Erdölkonzerne

Arten von Monopolen:

- Natürliches Monopol (Markteintrittsbarriere verhindert weitere Anbieter, z. B. Bahnstrecken)
- Rechtliches Monopol (aufgrund staatlicher Bestimmung, z. B. Schornsteinfeger)
- Quasi-Monopol (starker, natürlicher Wettbewerbsvorteil, z. B. bekanntes Betriebssystem)

voll-kommener Markt

Polypol

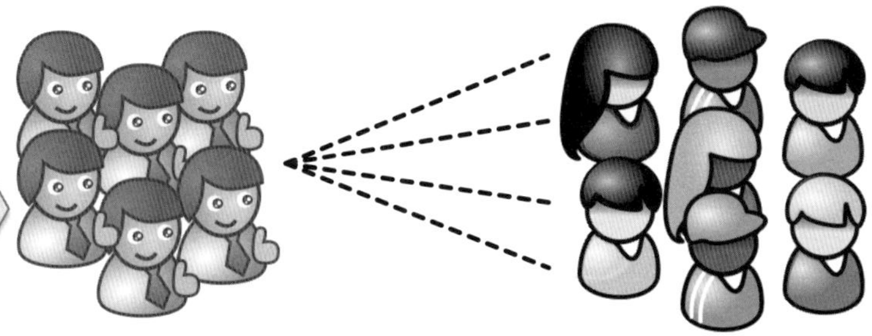

viele Anbieter — viele Nachfrager

Beispiel: Supermärkte

1.6 Marktformen

Didaktisch-methodische Hinweise

Aufbauend auf die Themen Marktmodell und Wettbewerb betrachtet dieses Tafelbild die Marktformen. Aus Gründen der didaktischen Reduktion wurden nur die gängigsten Konstellationen dargestellt. Die Auswahl basiert auf folgenden Überlegungen: Die Situation von Einschränkungen auf der Nachfragerseite (z. B. Monopson) sind recht selten. Die Auswirkungen auf den Wettbewerb lassen sich besser anhand der gewählten Beispiele (ein oder wenige Anbieter) zeigen. Ferner deckt sich die getroffene Auswahl besser mit dem allgemeinen Sprachgebrauch (Wer denkt schon an ein Monopson, wenn er Monopol hört?).

Ferner werden die Arten von Monopolen vertieft, da hieran recht schön politische Konsequenzen aufgezeigt werden können (z. B. Gründe für Staatsaufgaben, Umgang mit Monopolen, Wettbewerbsaufsicht, …).

Als Rückschluss auf das Thema Marktmodell werden die einzelnen Marktformen schließlich hinsichtlich ihrer Modellkonformität eingeordnet.

Erläuterungen zur Präsentation

1. Ein Anbieter …
2. trifft auf viele Nachfrager, …
3. das wird Monopol genannt.
4. Beispiel: Lokale Wasserversorgung, da die hohen Kosten für parallele Rohrverlegung etc. eine hohe Markteintrittsbarriere darstellen.
5. Arten von Monopolen
6. Natürliches Monopol: Markteintrittsbarrieren, da Ressourcenzugang oder Technologie fehlt, Kostenverlaufsvorteile (sinkende Grenzkosten), hohe Marktzugangskosten (Infrastruktur), …
7. Rechtliches Monopol: Staatliche Bestimmungen verhindern die Entfaltung eines freien Wettbewerbs.
8. Quasi-Monopol: Ein Unternehmen hat sich eine exponierte Stellung auf einem Markt erobert und besitzt daher einen starken Wettbewerbsvorteil.
9. Wenige Anbieter …
10. treffen auf viele Nachfrager, …
11. was Oligopol genannt wird.
12. Beispiel: Erdölkonzerne, Automobilhersteller, deutscher Strommarkt
13. Viele Anbieter …
14. treffen auf viele Nachfrager, …
15. was Polypol genannt wird.
16. Beispiel: Supermärkte, Friseure, Metzger, …
17. Monopol und Oligopol sind unvollkommene Märkte, da hier der Preismechanismus behindert wird.
18. Das Polypol ist ein vollkommener Markt, da hier Preismechanismus und Wettbewerb funktionsfähig sein können.

1.7 Formen wirtschaftlicher Machtbildung

Plus heißt jetzt Netto? – Formen wirtschaftlicher Machtbildung

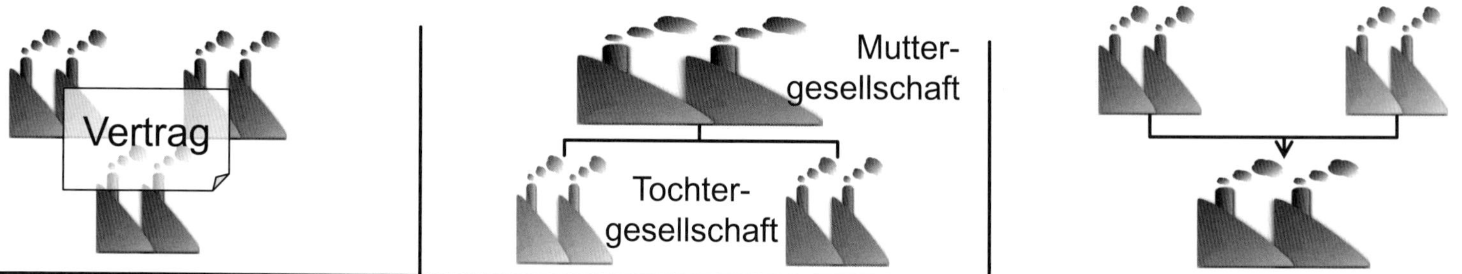

Kartell	**Konzern**	**Fusion**
Vertragliche Vereinbarungen zwischen Unternehmen bzgl. Preis, Absatzgebiet, Menge, ...	Zusammenschluss von rechtlich selbstständigen, wirtschaftlich aber voneinander abhängigen Unternehmen unter einheitlicher Leitung	Verschmelzung zweier Unternehmen. • Unternehmen A kauft B auf • Aus A und B wird neues Unternehmen C
• OPEC • Zementkartell	• Metro-Gruppe • Siemens-Gruppe	• DaimlerChrysler • Mannesmann-Vodafone

Folgen

- schlechterer Service
- höhere Preise
- eingeschränkter Wettbewerb
- schlechtere Konditionen
- weniger Innovationen

1.7 Formen wirtschaftlicher Machtbildung

Didaktisch-methodische Hinweise

Dieses Tafelbild befasst sich mit wesentlichen Formen wirtschaftlicher Machtbildung und den daraus resultierenden Folgen für den Wettbewerb. Die Beispiele wurden aufgrund ihrer Bekanntheit ausgewählt, sollten aber zugunsten eines regionalen Bezugs ergänzt bzw. ersetzt werden.

Als Einstieg bietet sich die Besprechung eines aktuellen Falls an, wie dies in der Überschrift getan wurde. Alternativ wäre auch ein kurzes Rollenspiel zwischen zwei Unternehmern möglich, die gerade einen Kartellvertrag aushandeln.

Je nach zur Verfügung stehender Zeit kann auch noch die Rolle des Bundeskartellamtes angesprochen werden.

Erläuterungen zur Präsentation

1. Mehrere Unternehmen schließen untereinander einen Vertrag ab.
2. Kartell
3. Erklärung Kartell
4. Beispiele für Kartelle
5. Ein Unternehmen besteht aus Mutter- und Tochtergesellschaften.
6. Konzern
7. Erklärung Konzern
8. Beispiele für Konzerne
9. Mehrere Unternehmen schließen sich zusammen.
10. Fusion
11. Erklärung Fusion
12. Beispiele für Fusionen
13. Folgen von Unternehmenszusammenschlüssen
14. Eingeschränkter Wettbewerb
15. Mögliche Folgen eines eingeschränkten Wettbewerbs

2.1 Die Wirtschaftsstufen

Kleidung aus China! War das schon immer so? – Die Wirtschaftsstufen

Arbeitsteilung

+ Spezialisierung
+ Zeitersparnis
+ technischer Fortschritt

– Monotonie
– Abhängigkeit

Hauswirtschaft
- familiäre Arbeitsteilung
- Selbstversorgung

↑ Nahrungsmittelüberschuss

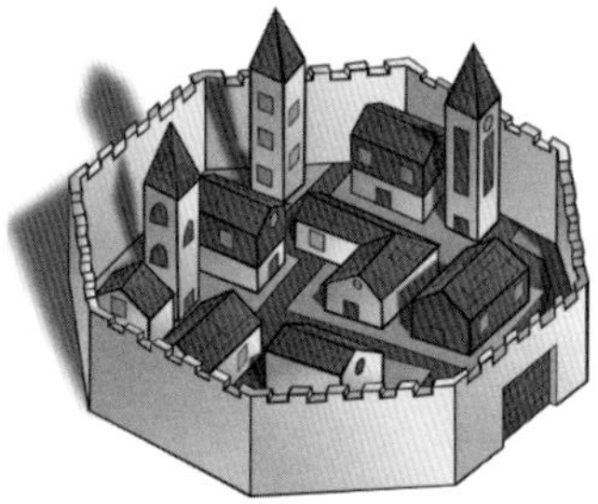

Stadtwirtschaft
- räumliche Arbeitsteilung
- Berufsspezialisierung

↑ nationale Einheit und günstige Transportmittel (z. B. Eisenbahn)

Volkswirtschaft
- nationale Arbeitsteilung
- Produktionszerlegung

↑ technischer Fortschritt (Containerschiffe, Kommunikationstechnik) und politische Stabilität (internationale Organisationen und Abkommen)

Weltwirtschaft
- internationale Arbeitsteilung
- internationale Handelsvorteile

2.1 Die Wirtschaftsstufen

Didaktisch-methodische Hinweise

In diesem Tafelbild wird eine Überblicksstunde über die Entwicklung der Wirtschaftsstruktur dargestellt. Der Schwerpunkt liegt hierbei auf der Arbeitsteilung, welche sich im Laufe der Zeit immer mehr ausdifferenziert hat. Ferner sollen die Voraussetzungen für die jeweiligen Entwicklungen in das Tafelbild integriert werden, um schließlich mit den Vor- bzw. Nachteilen der Arbeitsteilung zu schließen.

Dies ist recht viel für eine 45-Minuten-Stunde. Daher sind entweder Schwerpunkte zu setzen oder die Einheit sollte auf mehrere Stunden verteilt werden. Gerade die letzte Stufe, die Weltwirtschaft oder Globalisierung, bietet so viel Wissenswertes, dass ihr eine eigene Einheit eingeräumt werden kann (siehe Tafelbild Globalisierung in: Kohler/Schuster/Beyer: Tafelbilder für Sozialkunde und Wirtschaft, Auer Verlag).

Als Einstieg könnte man die Schüler auffordern anhand der Etiketten ihrer Kleidung zu bestimmen, wo diese gefertigt wurden. Hierüber leitet man dann zur Überschrift über.

Erläuterungen zur Präsentation

1. Einblendung der Stufen (als Orientierung der Schüler für den Hefteintrag)
2. **Hauswirtschaft**
3. Erklärung: Hier sollte wieder das Beispiel der Kleidung aufgegriffen werden. Die Kleidung wurde in familiärer Arbeitsteilung selber angefertigt.
4. **Stadtwirtschaft**
5. Erklärung: Hinweis auf die Straßennamen in Städten; Wiederaufgreifen des Kleidungsbeispiels
6. **Volkswirtschaft**
7. Erklärung: geografische Verortung der Textilindustrie
8. **Weltwirtschaft**
9. Erklärung: Darstellung des Reisewegs einer Jeans – je nach Vorwissen der Schüler muss der Begriff der internationalen Handelsvorteile (Ricardo) erklärt werden.
10. Voraussetzung für Stadtwirtschaft
11. Voraussetzung für Volkswirtschaft
12. Voraussetzung für Weltwirtschaft
13. **Arbeitsteilung**
14. Vorteile
15. Nachteile

2.2 Aufbau und Wandel der Wirtschaft

	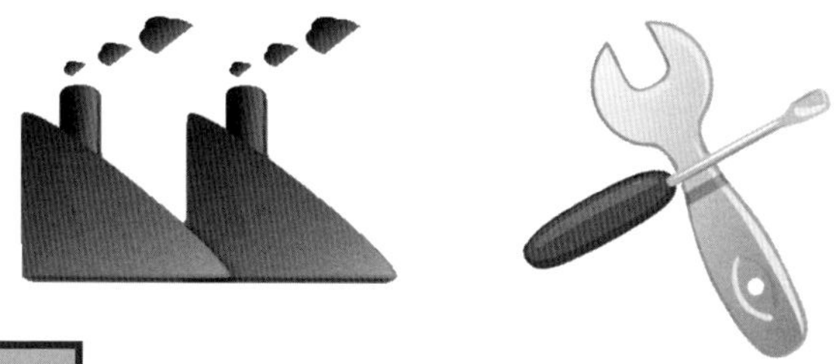	
Landwirtschaft (Primärer Sektor)	**Industrie** (Sekundärer Sektor)	**Handel und Dienstleistungen** (Tertiärer Sektor)
stellt Nahrung her bzw. beschafft Rohstoffe	verarbeitet Rohstoffe zu fertigen Produkten	handelt mit Waren bzw. verrichtet Dienstleistungen
Berufe: Bauer, Fischer, Förster, Bergbauer	**Berufe:** Industriemechaniker, Schreiner	**Berufe:** Friseur, Pfleger, Kaufmann, Lehrer

1882

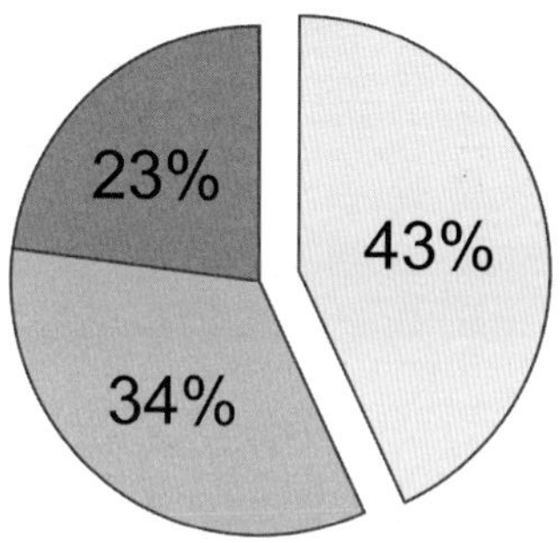

1960

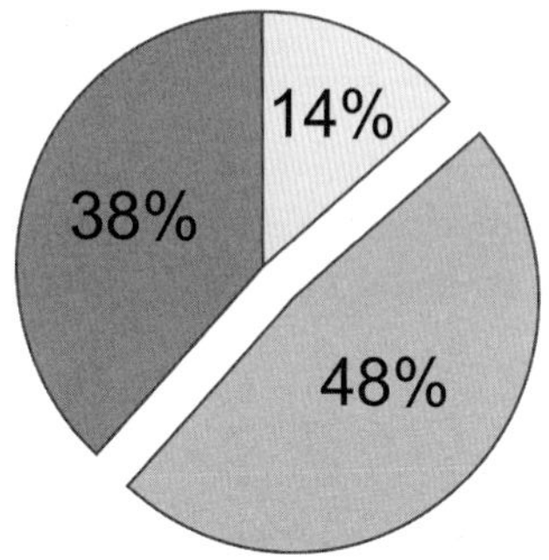

2010

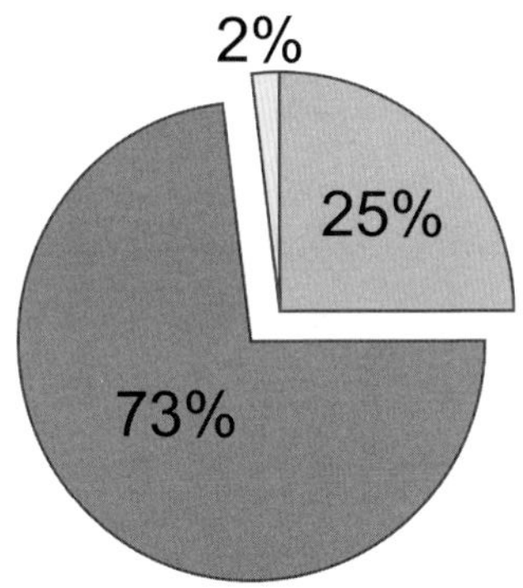

2.2 Aufbau und Wandel der Wirtschaft

Didaktisch-methodische Hinweise

Der Stundeninhalt soll einen Überblick über den Aufbau und den Wandel der Wirtschaftsstruktur hinsichtlich der Wirtschaftssektoren der BRD geben. Je nach Vorwissen und Alter der Schüler kann der Fokus auf den sektoralen Übergang oder auf die Dreisektorenhypothese gelegt werden. Die prozentuale Verteilung auf die einzelnen Sektoren basiert auf der Aufteilung nach Erwerbstätigen.

Für diesen Themenkomplex gibt es recht gutes Filmmaterial, welches über die Filmstellen bezogen werden kann. Aktuelles Datenmaterial kann z. B. beim Statistischen Bundesamt bezogen werden.

Bezüglich der Einführung der Fachtermini für die einzelnen Sektoren kann häufig auf Grundwissen aus der Musik zurückgegriffen werden (Intervalle: Prime, Sekunde, Terz).

Erläuterungen zur Präsentation

1. Landwirtschaft
2. Industrie
3. Handel und Dienstleistungen
4. Definition primärer Sektor
5. Definition sekundärer Sektor
6. Definition tertiärer Sektor
7. Berufe primärer Sektor
8. Berufe sekundärer Sektor
9. Berufe tertiärer Sektor
10. Kreisdiagramm 1882
11. Kreisdiagramm 1960
12. Kreisdiagramm 2007

2.3 Soziale Marktwirtschaft

Was ist dieser „Dritte Weg"? – Die soziale Marktwirtschaft

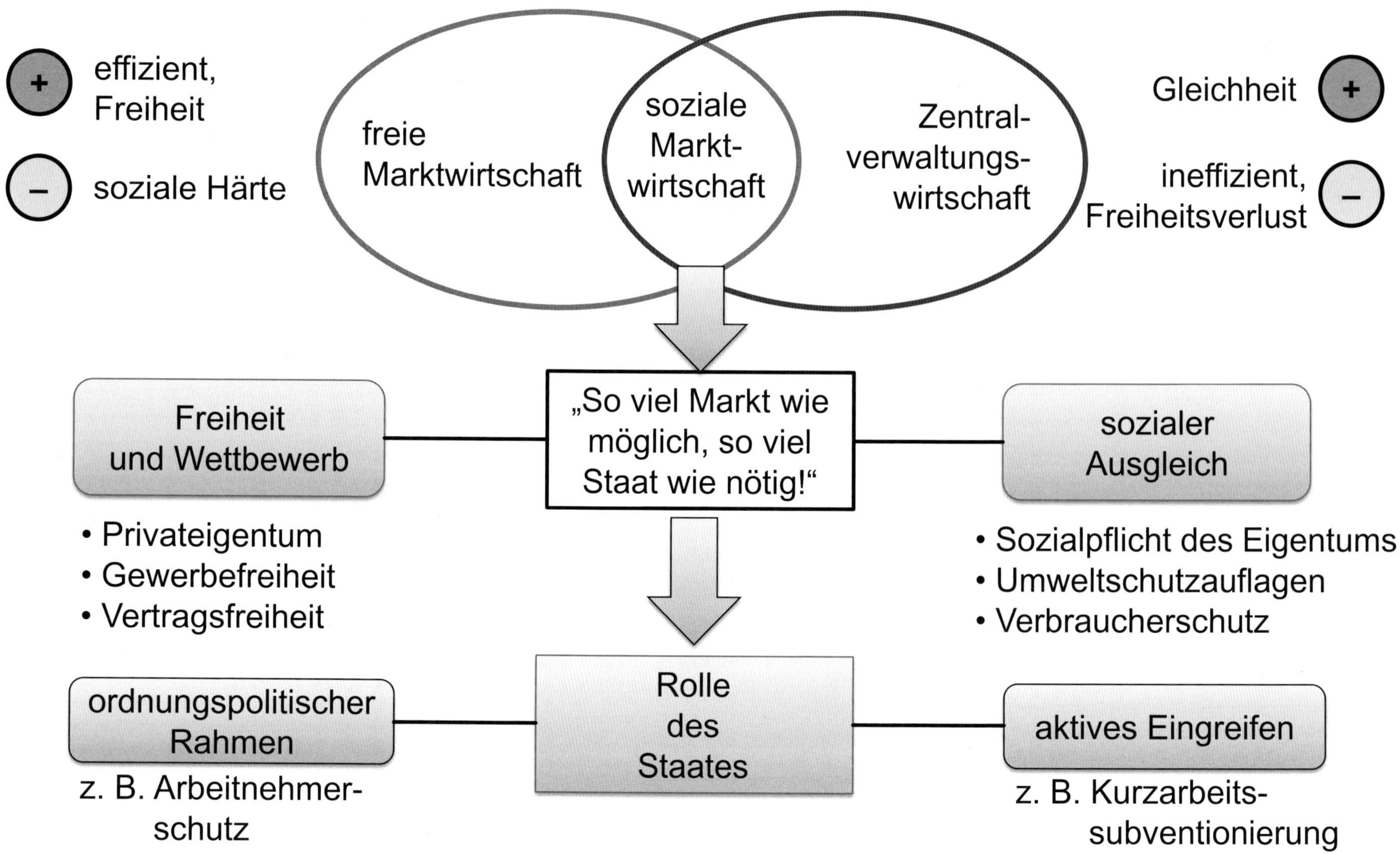

2.3 Soziale Marktwirtschaft

Didaktisch-methodische Hinweise

Die unterrichtliche Behandlung des Themas soziale Marktwirtschaft gestaltet sich als schwierig.

Zum einen ist das Thema wissenschaftlich recht schwer fassbar und einzugrenzen, da sich wirtschaftstheoretische (Idee des Ordoliberalismus) und -politische Dimensionen immer wieder vermischen. Dem sich hieraus ergebenden Spannungsverhältnis zwischen didaktischer Reduktion und fachwissenschaftlicher Präzision kann nur durch schülergerechte Anpassung begegnet werden. Je weniger ökonomische Vorbildung vorliegt bzw. je jünger die Schüler sind, desto konkreter sollte am Beispiel gearbeitet werden und desto weniger sollten abstrakte Begriffe benutzt werden.

Eine weitere Schwierigkeit liegt in der Tatsache begründet, dass die heutigen Schüler das Gegenstück zur freien Marktwirtschaft – die Zentralverwaltungswirtschaft – kaum noch kennen. Zu Zeiten der DDR war durch familiäre Bande häufig noch ein engerer Bezug vorhanden, der heute weitestgehend fehlt. Dementsprechend kann es sinnvoll sein, dieser Unterrichtseinheit eine Gegenüberstellung der beiden Idealtypen (Markt- vs. Planwirtschaft) voranzustellen, sodass die „Synthese" (soziale Marktwirtschaft) besser herausgearbeitet werden kann. Filme wie „Goodbye Lenin" könnten in diesem Kontext zur Veranschaulichung oder Motivation herangezogen werden.

Erläuterungen zur Präsentation

1. Freie Marktwirtschaft
2. Vor-/Nachteile der freien Marktwirtschaft
3. Zentralverwaltungswirtschaft
4. Vor-/Nachteile der Zentralverwaltungswirtschaft
5. Soziale Marktwirtschaft
6. Credo: „So viel Markt wie möglich, so viel Staat wie nötig!"
7. Freiheit und Wettbewerb
8. Beispiele für Freiheit und Wettbewerb
9. Sozialer Ausgleich
10. Beispiele für sozialen Ausgleich (passen zu den freiheitlichen Beispielen)
11. Rolle des Staates
12. Ordnungspolitischer Rahmen
13. Beispiel aus der Arbeitswelt
14. Aktives Eingreifen
15. Beispiel aus der Arbeitswelt

2.4 Chancengleichheit

Abitur für alle!? – Chancengleichheit in Deutschland

ungleiche Lebensverhältnisse durch Geburt und Sozialisation

staatliches Eingreifen durch Umverteilung und rechtliche Unterstützung

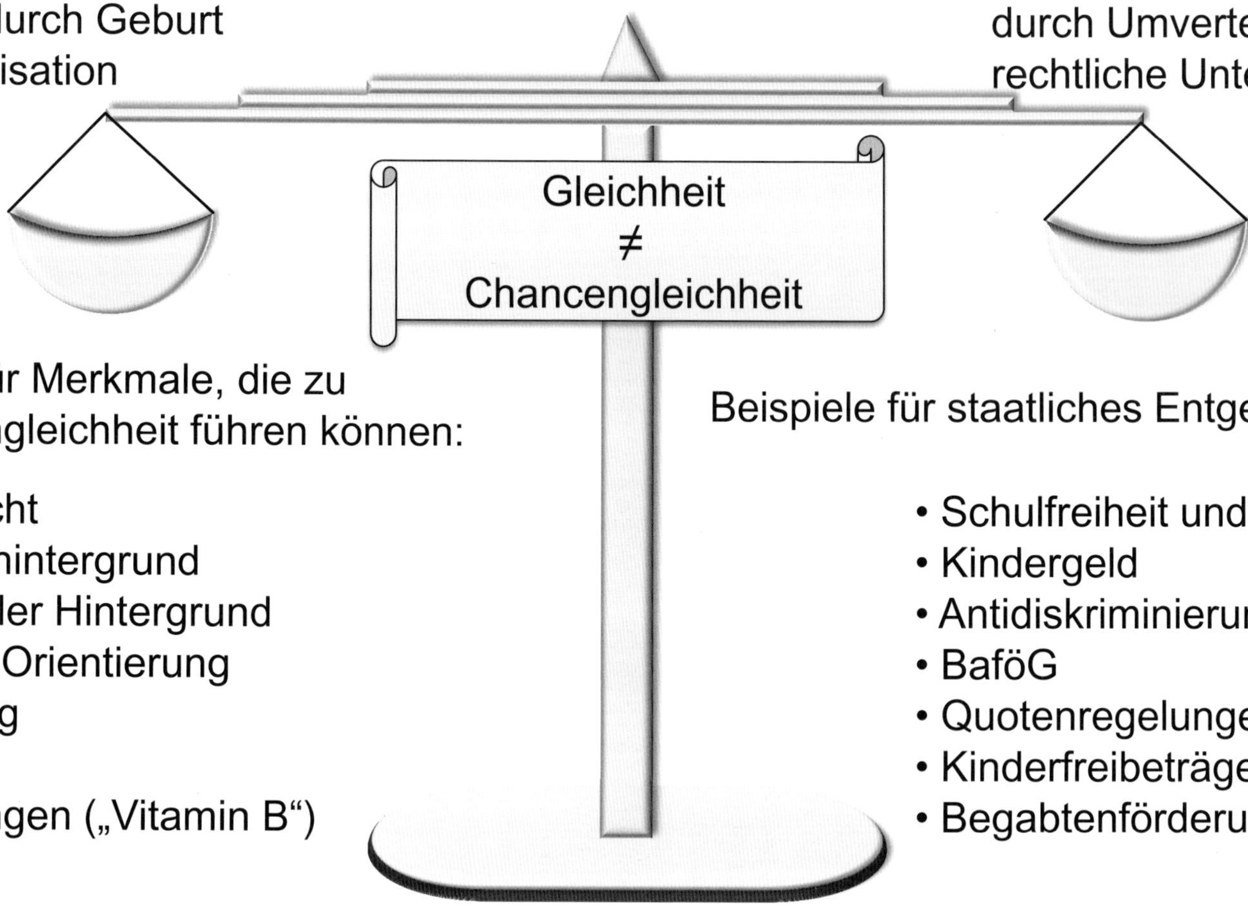

Beispiele für Merkmale, die zu Chancenungleichheit führen können:

- Geschlecht
- Bildungshintergrund
- Finanzieller Hintergrund
- Sexuelle Orientierung
- Begabung
- Religion
- Beziehungen („Vitamin B“)

Beispiele für staatliches Entgegenwirken:

- Schulfreiheit und -pflicht
- Kindergeld
- Antidiskriminierungsgesetz
- BaföG
- Quotenregelungen
- Kinderfreibeträge
- Begabtenförderung

Gleichheitsgrundsatz des Grundgesetzes

2.4 Chancengleichheit

Didaktisch-methodische Hinweise

Das Thema Chancengleichheit kann im Rahmen des Komplexes „Soziale Marktwirtschaft" behandelt werden. Als klassisch liberale Position werden gleiche Rahmenbedingungen für den Einzelnen angestrebt, im Gegensatz zur sozialistischen Position, die Gleichheit im Ergebnis als Ziel hat.

Chancengleichheit erfüllt in zweierlei Hinsicht einen ökonomischen Zweck für eine Gesellschaft. Zum einen befriedigt sie das Gerechtigkeitsgefühl und trägt so zur Stabilisierung des sozialen Friedens in einem Land bei. Zum anderen hilft sie bei der effizienten Allokation von Ressourcen, wie z. B. Bildung. Begabte Kinder bringen für die Gesellschaft einen größeren Nutzen, wenn sie ihr Können auch ausbilden und ausleben können.

Die Überschrift bietet einen möglichen Einstieg und Zugang zum Thema. Die Schüler sollen sich zu der, zuerst mit einem Ausrufezeichen versehenen, These äußern.

Für die Erarbeitung der Merkmale, die zu Chancenungleichheit führen können, kann man recht gut auf Statistiken zurückgreifen (viel Material findet sich u. a. in dem Standardlehrbuch von Rainer Geißler: Die Sozialstruktur Deutschlands).

Die Beispiele staatlichen Eingreifens könnten durch eine arbeitsteilige Gruppenarbeit mit anschließender Plakatgestaltung erarbeitet werden.

Erläuterungen zur Präsentation

1. Ausgeglichene Waage basierend auf dem Art. 3 GG: Gleichheitsgrundsatz
2. Geburt und Sozialisation erzeugen ungleiche Lebensverhältnisse
3. Beispiele für Merkmale, die zu Chancenungleichheit führen können
4. Auflistung der Beispiele
5. Eingreifen des Staates
6. Beispiele für staatliches Entgegenwirken
7. Auflistung der Beispiele
8. Hinweis auf die Unterscheidung von Gleichheit und Chancengleichheit

2.5 Sozialstaatliche Leistungen und Sozialversicherungen

Wie hilft der Sozialstaat? – Sozialstaatliche Leistungen und Sozialversicherungen

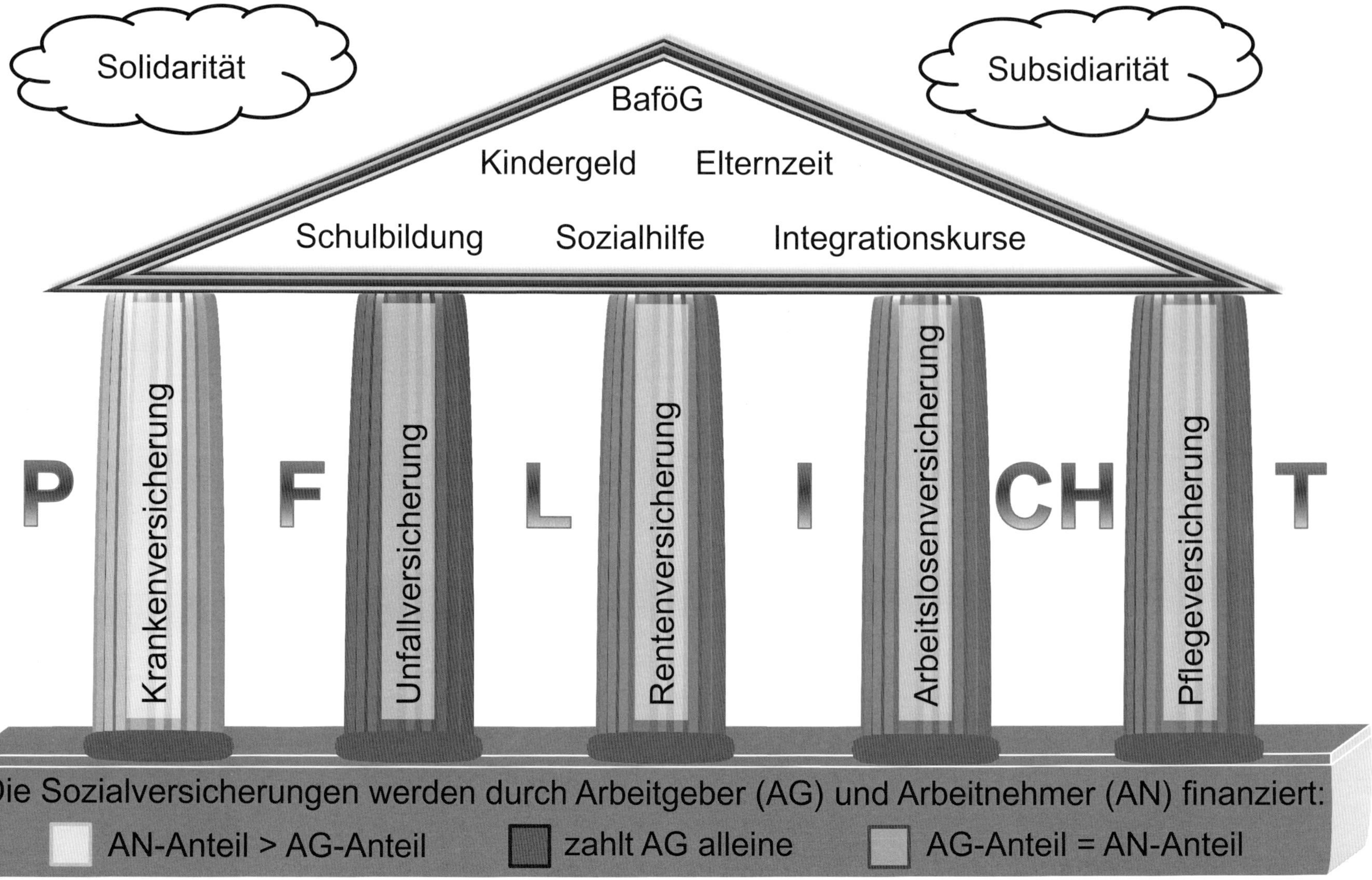

2.5 Sozialstaatliche Leistungen und Sozialversicherungen

Didaktisch-methodische Hinweise

Der Begriff des Sozialstaates ist eng mit staatlichen Leistungen und dem Sozialversicherungssystem verbunden. Ziel der Stunde ist es, einen Überblick über diese beiden Bereiche zu geben, ohne diese aber näher zu vertiefen.

Das Tafelbild bedient sich der klassischen Darstellung des Sozialversicherungssystems in Form von Säulen, da diese das tragende Element des Sozialstaates in Deutschland darstellen. Die unterschiedliche Art der Finanzierung wird im Fundament kurz angerissen. Darüber hinaus sind einzelne sozialstaatliche Leistungen im Dach untergebracht. Sie runden die sozialstaatliche Tätigkeit ab.

Ferner werden die beiden Sozialstaatsprinzipien „Solidarität" und „Subsidiarität" genannt. Je nach Alter und Vorwissen wird es nötig sein, die Erklärung der beiden Begriffe zusätzlich zu fixieren.

Ein Einstieg ist über den Artikel 20 GG möglich. Hier wird die BRD als ein sozialer Bundesstaat definiert. Die Schüler können in einem Brainstorming gefragt werden, was für sie unseren Sozialstaat auszeichnet.

Erläuterungen zur Präsentation

1. „Antiker Tempel"-Zeichnung
2. Weitere sozialstaatliche Leistungen
3. Solidarität
4. Subsidiarität
5. Krankenversicherung
6. Unfallversicherung
7. Rentenversicherung
8. Arbeitslosenversicherung
9. Pflegeversicherung
10. Hinweis auf den Pflichtcharakter der Sozialversicherungen
11. AG und AN finanzieren Sozialversicherungen
12. Gelb: AN-Anteil > AG-Anteil
13. Grün: zahlt AG alleine
14. Blau: AN-Anteil = AG-Anteil

2.6 Finanzierung der Sozialversicherungen

Wer soll das bezahlen? – Finanzierungsprinzip der Sozialversicherungen

Einzahler

Arbeitgeber und Arbeitnehmer müssen Beiträge entrichten (Pflichtversicherung)

teilweise Bundeszuschuss

Empfänger

Bedürftige im Sinne der Sozialversicherung:

- Kranke
- Pflegefälle
- Rentner
- Arbeitslose

Umlageverfahren

Jetzige Beitragszahler finanzieren direkt die jetzigen Bezieher. Keine nennenswerte Kapitalstockbildung.

Zwei Möglichkeiten der Finanzierung eines Sozialversicherungssystems

Kapitaldeckungsverfahren

Beiträge der Versicherten werden angespart, vermehrt und im Versicherungsfall ausgezahlt.

2.6 Finanzierung der Sozialversicherungen

Didaktisch-methodische Hinweise

Stundenziel ist es, die Finanzierung des deutschen Sozialversicherungssystems darzustellen. Da die Detailregelungen für jede Sozialversicherung etwas anders gestaltet sind, ergeben sich im Einzelnen Ungenauigkeiten. So wird z. B. die Unfallversicherung nur vom Arbeitgeber finanziert. Dies muss am Ende der Stunde mit den Schülern problematisiert werden.

Ferner sollen die zwei prinzipiellen Möglichkeiten der Finanzierung einer Sozialversicherung erklärt werden. Hier sollte auf den historischen Kontext (weitestgehende Vernichtung des Kapitalstocks nach dem Krieg) hingewiesen werden, der zur Entscheidung für das Umlageverfahren führte. Darüber hinaus kann die private Vorsorge im Rahmen des Rentensystems angesprochen werden, die auf dem Kapitaldeckungsverfahren beruht.

Erläuterungen zur Präsentation

1. Sozialversicherungstopf
2. Einzahler
3. Bundeszuschuss
4. Empfänger
5. Erklärung und Beispiele für Sozialversicherungsempfänger
6. Kein Ansparen → Sofortige Umverteilung
7. Zwei Möglichkeiten der Finanzierung eines Sozialversicherungssystems
8. Umlageverfahren
9. Kapitaldeckungsverfahren

2.7 Problematik der Rentenversicherung

Sozialstaat 2060

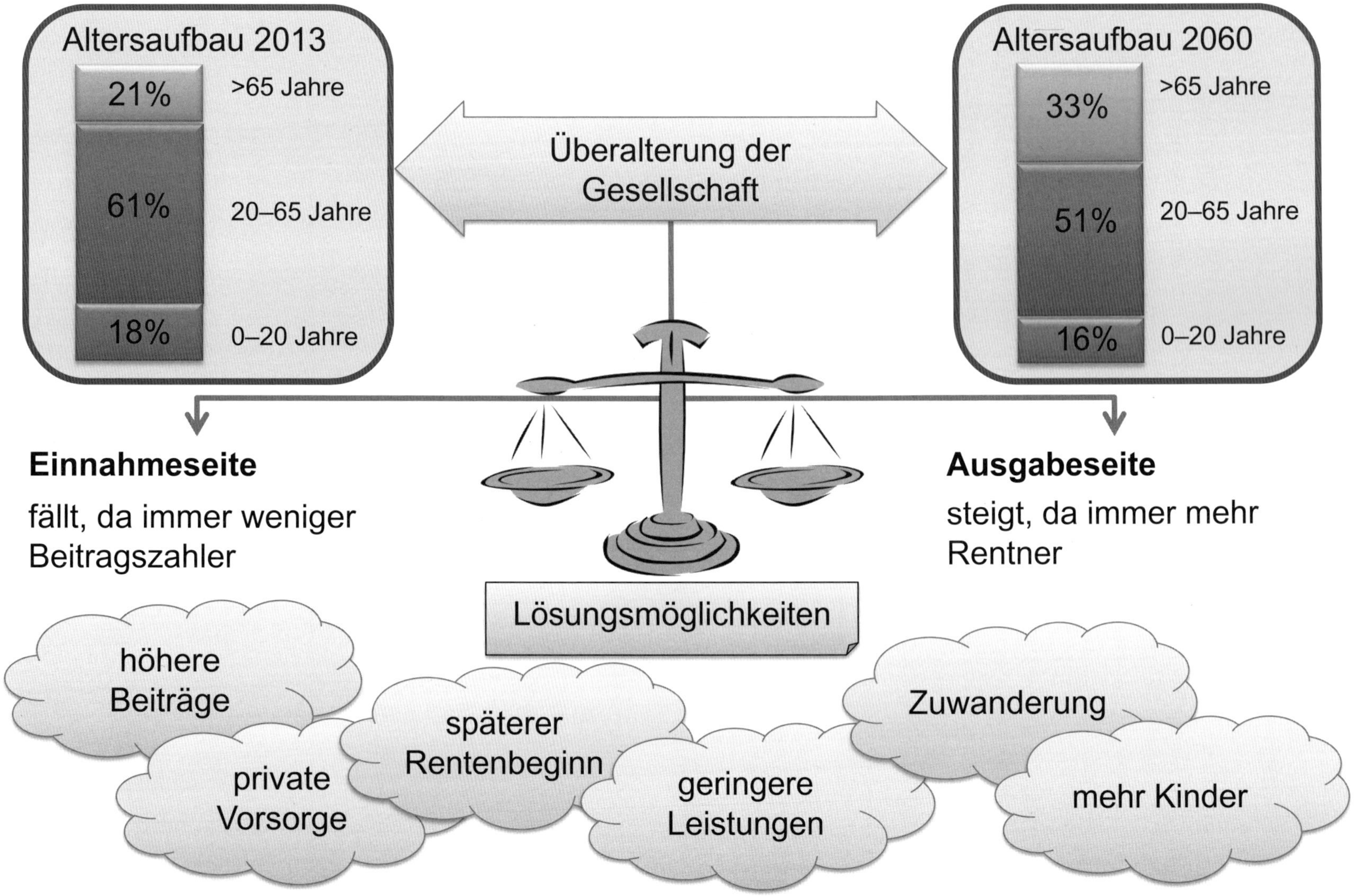

2.7 Problematik der Rentenversicherung

Didaktisch-methodische Hinweise

Aufbauend auf die Stunde zum Thema der Finanzierung der Sozialversicherungssysteme behandelt dieses Tafelbild die Folgen der Überalterung der BRD hinsichtlich der Rentenversicherung.

Das Zukunftsszenario basiert auf den vom Statistischen Bundesamt veröffentlichten Zahlen[1]. Es wird von einer annähernd konstanten Geburtenrate, einer leicht steigenden Lebenserwartung und einem Wanderungssaldo von 100.000 Personen/Jahr ausgegangen (Variante „Mittlere" Bevölkerung, Untergrenze). Der genannte Bericht und eine animierte Bevölkerungspyramide, die sehr gut zur Veranschaulichung im Unterricht einsetzbar ist, sind auf der Homepage des Statistischen Bundesamtes zu finden.

Erläuterungen zur Präsentation

1. Altersaufbau 2013
2. Altersaufbau 2060
3. Überalterung der Gesellschaft
4. Einnahme-/Ausgabeseite mit Waage
5. Folge für die Einnahmeseite
6. Folge für die Ausgabeseite
7. Lösungsmöglichkeiten
8. Auflistung der Lösungsmöglichkeiten

1 Statistisches Bundesamt (Hrsg.) (2015): Bevölkerung Deutschlands bis 2060 – 13. koordinierte Bevölkerungsvorausberechnung, Wiesbaden.

2.8 Staatlicher Umweltschutz

Über 50 % Spritsteuer! Muss das sein? – Staatlicher Umweltschutz

Umweltbedrohungen:
- Luftverschmutzung
- Saurer Regen
- Trinkwassergefährdung

Warum wird die Umwelt geschädigt:
- Ahnungslosigkeit
- Gewinnstreben
- Bequemlichkeit
- Gewohnheit

Der Staat greift ein

Umweltschutzauflagen

Ordnungsrechtliche Ge- und Verbote:
- Technische Vorschriften (Katalysatorpflicht)
- Entsorgungsvorschriften

Zielgerichtete Steuern

Umweltschädliche Güter werden verteuert, um Konsum einzuschränken:
- Ökosteuer
- KFZ-Steuer

Schaffung von Anreizen

Marktteilnehmer werden durch wirtschaftliche Anreize zu umweltfreundlichem Verhalten motiviert:
- Förderung von Hybridautos
- Steuererleichterungen

Nachhaltiges Wirtschaften

Wirtschaften, mit dem langfristigen Ziel, die Lebensgrundlage für die nachfolgenden Generationen nicht zu zerstören

2.8 Staatlicher Umweltschutz

Didaktisch-methodische Hinweise

Die Stunde könnte am Beispiel des Benzinpreises aufgezogen werden. Die Schüler werden über die Höhe des aktuellen Benzinpreises befragt und sollen Schätzungen abgeben, wer wie viel hiervon erhält. Mit einer entsprechenden Grafik (man findet sie auf Seiten der großen Ölkonzerne oder über eine Suche mit dem Schlagwort „Benzinpreiszusammensetzung“) kann die Stundenüberschrift erarbeitet werden.

Die Untergliederung des staatlichen Eingreifens könnte noch um eine weitere Spalte ergänzt werden, in der die staatlichen Informations- und Aufklärungsstrategien aufgegriffen werden. Die Beispiele verbleiben im Bereich der Automobile, können aber um weitere autofremde Beispiele ergänzt werden.

Erläuterungen zur Präsentation

1. Umweltbedrohungen
2. Gründe für umweltschädigendes Verhalten
3. Der Staat greift ein
4. **Umweltschutzauflagen**
5. Erklärung mit Beispielen
6. **Zielgerichtete Steuern**
7. Erklärung mit Beispielen
8. **Schaffung von Anreizen**
9. Erklärung mit Beispielen
10. Nachhaltiges Wirtschaften mit Erklärung

3.1 Kennzeichen für Verbraucher

08/15 oder was? – Kennzeichen für Verbraucher

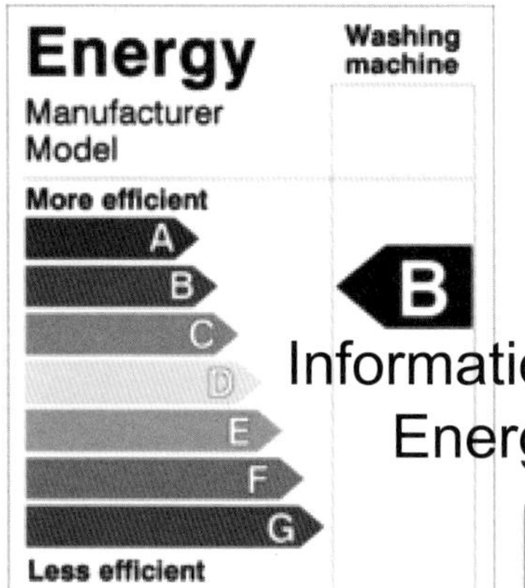

Informationen bez. des Energieverbrauchs

Bestätigung für technische Überprüfung

(äußere) Qualität von Lebensmitteln

EU-Energielabel	Prüfzeichen	Handels- und Güteklassen
E-Nummern	Diese Kennzeichen findet man u. a. auf Produkten	Normung
Stiftung Warentest	Weitere Labels	Warenkenn-zeichen

Lebensmittelzusatzstoffe (E 175 – Gold)

Standardisierung von Gütern (Papier: DIN A4)

Staatlich unterstütztes Testinstitut

Zertifizierung von spez. Eigenschaften

Information über das verwendete Material

3.1 Kennzeichen für Verbraucher

Didaktisch-methodische Hinweise

Als Stundeneinstieg könnte man die etymologische Bedeutung der Redewendung 08/15 klären. Der heute gebräuchliche, abschätzige Ausdruck für etwas Gewöhnliches, Standardmäßiges hat seinen Ursprung im Ersten Weltkrieg. Das Maschinengewehr 08/15 war das erste einheitliche Maschinengewehr im Deutschen Reich. Dies war von großer militärischer Bedeutung. Die bis dahin von allen Landesteilen getrennt ausgerüsteten Soldaten hatten von nun an keine Probleme mehr Ersatzteile und Munition auszutauschen. Diese Idee der Normierung ging mit von dem Königlichen Fabrikationsbüro aus und wurde nach dem Zweiten Weltkrieg von der Industrie aufgegriffen und führte zur Gründung des „Normenausschuss der deutschen Industrie", aus dem sich dann das „Deutsche Institut für Normung e.V." entwickelte. Ziel ist es, die Bedeutung und die Vorteile der Normung mit den Schülern herauszuarbeiten. Alternativ kann statt des geschichtlichen Exkurses die Bedeutung von Normen für den Konsumenten auch anhand eines Beispiels verdeutlicht werden (z. B. nicht genormtes Blatt soll in A4-Hefter abgeheftet werden).

Die Erarbeitung der weiteren Labels und Kennzeichnungen kann gut durch eine Gruppenarbeit (eventuell Plakaterstellung) erfolgen. Hierfür findet man gute Informationen über die einzelnen Kennzeichnungen u. a. auf folgender Internetseite:
http://www.label-online.de/

Erläuterungen zur Präsentation

1. Zentralelement
2. Normung
3. Erläuterung für Normung
4. E-Nummern
5. Erläuterung für E-Nummern
6. Stiftung Warentest
7. Erläuterung zur Stiftung Warentest
8. Logo Stiftung Warentest
9. EU-Energielabel
10. Erläuterung EU-Energielabel
11. Logo EU-Energielabel
12. Handels- und Güteklassen
13. Erläuterung zu Handels- und Güteklassen
14. Beispiel für eine Kennzeichnung
15. Warenzeichen
16. Erläuterung zu Warenzeichen
17. Beispiele für Warenzeichen
18. Prüfzeichen
19. Erläuterung zu Prüfzeichen
20. Beispiele für Prüfzeichen
21. Weitere Labels
22. Erläuterung für weitere Labels
23. Beispiele für weitere Labels

3.2 Aspekte der Kaufentscheidung

Markenkleidung oder No-Name-Klamotten? – Aspekte der Kaufentscheidung

gesundheitliche ...
gesundheitsschädigende Risiken:

- Produktgifte
- „Gammelfleisch“
- hoher Zucker-/Fettgehalt

Bioprodukte, lokale Erzeugnisse, ...

ökologische ...
umweltschädigende Herstellung:

- Waldrodung
- viel Müll
- hoher Ressourcenverbrauch

Recycling, Mehrwegprodukte, Energie sparen, ...

soziale ...
fragwürdige Umstände der Herstellung:

- Kinderarbeit
- kaum Geld für Erzeuger
- ausbeutende Firmen

fair gehandelte Produkte, Hilfsorganisationen unterstützen

ökonomische ...
wirtschaftlicher Mitteleinsatz:

- Preis
- Leistung
- Neben- und Folgekosten

Sonderangebote, Rabatte und Skonto ausnutzen

3.2 Aspekte der Kaufentscheidung

Didaktisch-methodische Hinweise

Stundenziel ist es, den Schülern zu verdeutlichen, dass neben rein ökonomischen Gesichtspunkten auch noch andere Aspekte die Kaufentscheidung beeinflussen können bzw. sollten. Je nach Aspekt ergeben sich hierbei enge Verknüpfungen zu anderen Schulfächern (z. B. ökologischer Aspekt – Biologie), aber auch zu dem Bereich der Produktlabels (siehe 3.1 Kennzeichen für Verbraucher).

Als Einstieg könnte man den Schülern einen kleinen Katalog mit verschiedenen Produkten zusammenstellen und die Schüler entsprechend einem Einkaufszettel einzelne Artikel auswählen lassen. Der Katalog ist so gestaltet, dass von jedem Produkt mehrere Artikel (z. B. Bioartikel, Markenartikel, No-Name-Produkt) zur Wahl stehen. Die Schüler müssen dann ihre Wahl begründen. Hieraus lassen sich schließlich die einzelnen Aspekte der Kaufentscheidung ableiten.

Gutes Informations- und Arbeitsmaterial findet man bei den Anbietern der verschiedenen Produktlabels (z. B. Fairtrade, Blauer Engel, ...).

Erläuterungen zur Präsentation

1. Zentralelement: Aspekte der Kaufentscheidung
2. **Gesundheitliche Aspekte** mit Bild
3. Erläuterung
4. Beispiele
5. **Ökologische Aspekte** mit Bild
6. Erläuterung
7. Beispiele
8. **Soziale Aspekte** mit Bild
9. Erläuterung
10. Beispiele
11. **Ökonomische Aspekte** mit Bild
12. Erläuterung
13. Beispiele
14. Hinweis zu Möglichkeiten für eigenes Handeln: Gesundheit
15. Hinweis zu Möglichkeiten für eigenes Handeln: Ökologie
16. Hinweis zu Möglichkeiten für eigenes Handeln: Soziales
17. Hinweis zu Möglichkeiten für eigenes Handeln: Ökonomie

3.3 E-Commerce

eBay, Teleshopping oder doch aus dem Katalog? – Der E-Commerce

Electronic Commerce

Kauf/Verkauf über das Internet

C2C (Consumer to Comsumer) z. B. eBay

B2C (Business to Comsumer) z. B. Amazon

→ unterschiedliche rechtliche Regelungen

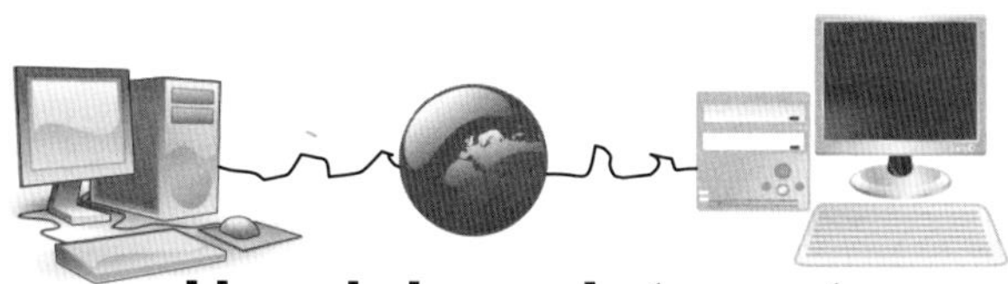

Handel per Internet

Kauf(vertrag) via Mausklick

Zahlung durch:
- Vorauskasse
- Kreditkarte
- Einzugsermächtigung
- Rechnung
- Online-Bezahlsystem z. B. PayPal

Sicherheit

Fernabsatzgesetz

- Informationspflicht für Verkäufer (z. B. Preis, Liefer- und Zahlungsbedingungen, ...)
- Widerrufs- oder Rückgabe-recht
→ grundsätzlich 2 Wochen (gilt nicht für Software, Versteigerungsgeschäfte, ...)

VORTEILE
- bequem von zu Hause
- neue Arbeitsplätze
- gut für Angebotsvergleiche

NACHTEILE
- „gläserner Kunde“
- Viren, Trojaner, Würmer
- Beeinträchtigung des Einzelhandels („leere Städte“)

3.3 E-Commerce

Didaktisch-methodische Hinweise

In den letzten Jahren hat sich der Anteil des Internethandels stark ausgeweitet und gerade von Schülern werden Onlineplattformen wie eBay gerne genutzt. Daher ist das Stundenziel, einen Überblick über die Nutzung elektronischer Medien als Verbraucher zu geben.

Ausgangspunkt ist der Begriff E-Commerce, welcher sich in einer eng gefassten Definition auf das Ein- bzw. Verkaufen über das Internet beschränkt. Diese Definition ist aus Gründen der didaktischen Reduktion für das Thema sehr gut gangbar und sollte zur Abgrenzung von „klassischen" Fernabsatzgeschäften (z. B. Katalogkauf, Teleshopping) herangezogen werden.

Die Unterscheidung zwischen C2C- und B2C-Geschäften ist hinsichtlich der unterschiedlichen rechtlichen Regelungen (insbesondere Garantie, Widerrufs- oder Rückgaberechte) von großer Bedeutung, gerade für Schüler, die gerne über eBay Geschäfte mit Privatleuten tätigen. Je nach rechtlichem Vorwissen über Kaufverträge und Sachmängel kann dieser Punkt näher beleuchtet werden.

Die beiden folgenden Spalten des Tafelbildes geben Hinweise über die Möglichkeiten der Bezahlung unter dem Aspekt der Sicherheit bzw. stellen die Regelungen des Fernabsatzgesetzes kurz vor. Schlusspunkt ist eine Gegenüberstellung von Vor- und Nachteilen des Internethandels.

Für die Erarbeitung kann man auf Informationsmaterial der Verbraucherzentralen zurückgreifen (z. B. http://www.verbraucherzentrale-bayern.de, Reiter Markt + Recht).

Erläuterungen zur Präsentation

1. **E-Commerce**
2. Definition
3. C2C
4. B2C
5. Hinweis auf unterschiedliche rechtliche Regelungen
6. Übergang Spalte 2
7. **Handel per Internet**
8. Kauf(vertrag) via Mausklick
9. Vorstellung der Zahlungsarten mit Ausweisung der Sicherheit
10. Übergang Spalte 3
11. Fernabsatzgesetz
12. Informationspflicht für Verkäufer
13. Widerrufs- oder Rückgaberecht
14. Vorteile
15. Nachteile

3.4 Werbung

Wenn's um Geld geht … quadratisch, praktisch, gut? – Werbung

Hauptziel:
Verkaufszahlen halten/steigern

weitere Ziele von Werbung

- emotionale Bindung aufbauen
- Bekanntheit fördern informieren
- Wiedererkennungseffekt schaffen
- Image beeinflussen

Werbemittel

Streuwerbung:
- Rundfunk
- Anzeigen
- Fernsehspots
- Werbebanner

Direktwerbung:
- E-Mail
- Katalog
- Telefonanruf
- Werbegeschenk

Werbewirkung

- **A**ttention – Aufmerksamkeit wecken
- **I**nterest – Interesse erzeugen
- **D**esire – Besitzwunsch auslösen
- **A**ction – Kauf ausführen

3.4 Werbung

Didaktisch-methodische Hinweise

Werbung ist in einer modernen Marktwirtschaft allgegenwärtig, sodass sich ihr niemand entziehen kann. Gerade Schüler sind durch ihren meist recht hohen Fernsehkonsum häufig Konsumenten der TV-Werbung. Dies kann man für den Stundeneinstieg nutzen, indem man den Schülern aktuelle, unvollständige Werbeslogans vorlegt, die diese dann vervollständigen sollen (z. B. Nicht nur sauber, [sondern rein] oder [Haribo] macht Kinder froh). Man kann auch prominente Werbepersönlichkeiten nennen und fragen, für welches Produkt diese gerade werben. Hierdurch soll den Schülern bewusst werden, wie stark sie der Werbung ausgesetzt sind.

Im Anschluss werden die Ziele, die Träger und die Wirkung von Werbung erarbeitet. Hierfür bieten sich folgende Materialen an:

Aktuelle Werbekampagnen können als Beispiele für die Erarbeitung der weiteren Ziele der Werbung herangezogen werden.

Infografiken zeigen recht eindrucksvoll, wie viel Geld die Industrie jährlich für Werbemaßnahmen ausgibt.

Die Internetseite http://www.unterrichtshilfe-finanzkompetenz.de bietet im Modul 9 eine Reihe von brauchbaren Materialien, darunter auch kleine Videoclips.

Erläuterungen zur Präsentation

1. Hauptziel von Werbung
2. Weitere Ziele von Werbung
3. Emotionale Bindung aufbauen
4. Bekanntheit fördern bzw. informieren
5. Wiedererkennungseffekt schaffen
6. Image beeinflussen
7. Werbemittel
8. Unterscheidung von Streu- und Direktwerbung
9. Beispiele Streuwerbung
10. Beispiele Direktwerbung
11. Werbewirkung
12. AIDA
13. AIDA ausgeschrieben
14. Aufmerksamkeit wecken
15. Interesse erzeugen
16. Besitzwunsch auslösen
17. Kauf ausführen

4.1 Funktionen von Banken

Woher kommt das Geld der Banken? – Funktionen von Banken

Banken haben eine Vermittlungsfunktion zwischen Gläubigern und Schuldnern. Diese spiegelt sich in der Bilanz von Kreditinstituten wider.

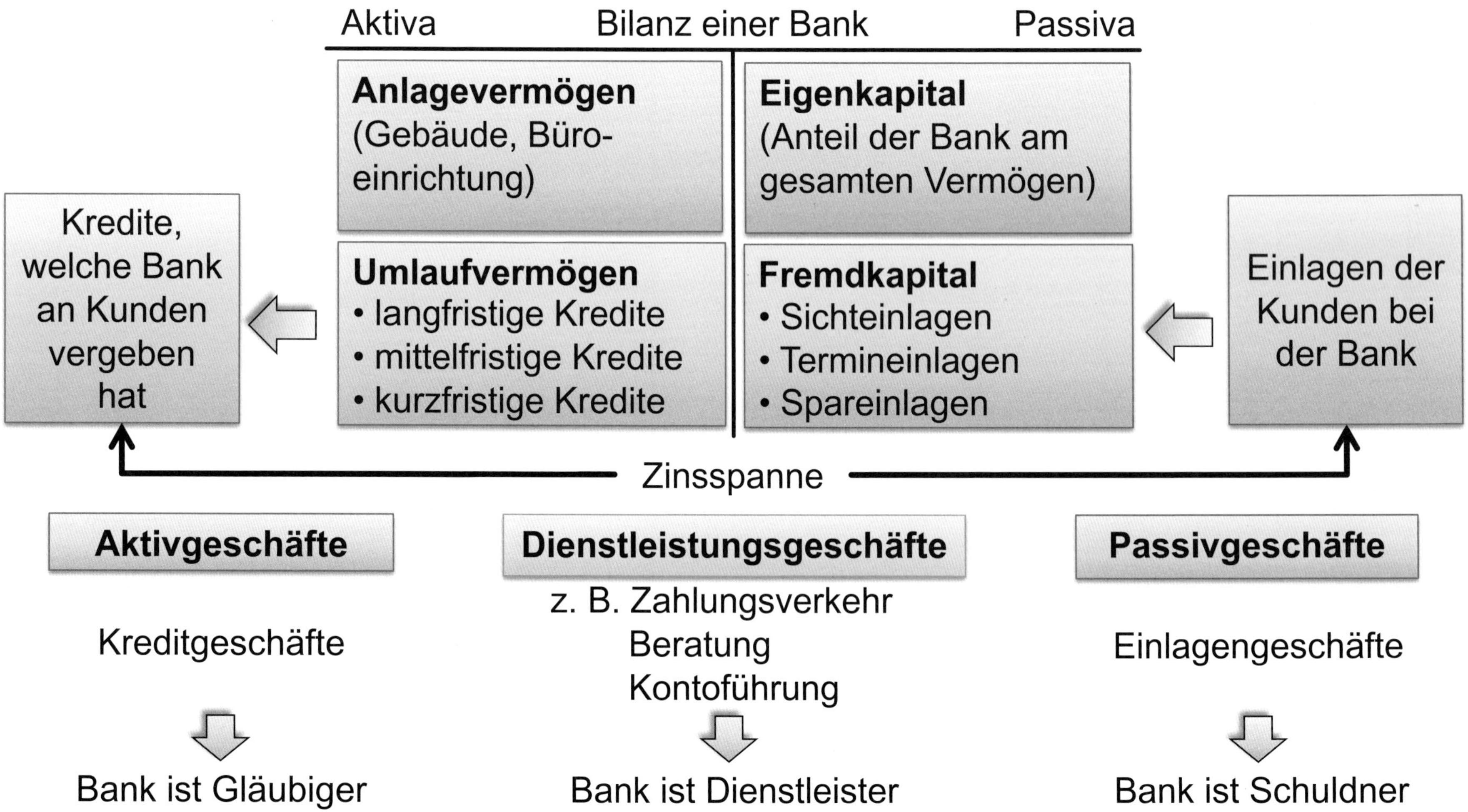

4.1 Funktionen von Banken

Didaktisch-methodische Hinweise

Die Stunde baut auf einem soliden Grundwissen im Bereich der Buchführung auf, da die Bilanz als zentrales Erklärungsinstrument benutzt wird. Sollte ein solches Vorwissen nicht vorliegen, kann man die Bilanz durch die Zeichnung einer stilisierten Bank ersetzen, in welche Fremdkapital in Form von Einlagen eingebracht wird, die als Kredite wieder an Bankkunden weitergegeben werden. Im unteren Bereich des Tafelbildes wären dann nur noch die Begriffe Aktivgeschäfte durch Kreditgeschäfte und Passivgeschäfte durch Einlagengeschäfte zu ersetzen.

Als Einstieg könnte man ein Suchspiel zwischen Kreditgebern und Kreditnehmern durchführen. Jeder Schüler erhält einen Zettel mit dem Auftrag, einen Kreditgeber bzw. einen Kreditnehmer über einen bestimmten Betrag zu finden. Hierbei passen am besten die Beträge nicht deckungsgleich zueinander, sodass sich mehrere Schüler finden müssen. Um die Suche noch zu erschweren, ist das Verhältnis von Kreditgebern und Kreditnehmern nicht ausgewogen. Das Spiel wird nach einer begrenzten Zeit abgebrochen. Im Anschluss werden die Schüler nach ihren Erfahrungen befragt. Im Lehrer-Schüler-Gespräch klärt man nun, wie in der Realität Finanzgeschäfte abgewickelt werden.

Erläuterungen zur Präsentation

1. Lehrsatz über die Vermittlungsfunktion von Banken
2. T-Konto mit Beschriftung
3. Eigenkapital
4. Fremdkapital
5. Anlagevermögen
6. Umlaufvermögen
7. Kasten: Einlagen
8. Beispiele für die Einteilung von Einlagen (gemäß Fälligkeit)
9. Beispiele für die Einteilung von Krediten (gemäß Fälligkeit)
10. Kasten: Kredite
11. Zinsspanne
12. Aktiv-/Passivgeschäfte
13. Jeweils Erläuterung
14. Jeweils die Rolle der Bank
15. Dienstleistungsgeschäfte
16. Beispiele für Dienstleistungsgeschäfte
17. Rolle der Bank als Dienstleister

4.2 Arten von Banken

Warum gibt es so viele unterschiedliche Banken? – Arten von Banken

Bankgeschäfte aller Art (Universalbanken)

nur spezielle Geschäftsbereiche (Spezialbanken)

Privatkunden

Firmenkunden

spezielle Kundengruppen

Stadt

Land

bundesweit

weltweit

Internet

AG

Privatbesitz

Genossenschaft

Anstalt öffentlichen Rechts

Merke Intensiver Wettbewerb hat zu einer Differenzierung des Bankensystems geführt.

4.2 Arten von Banken

Didaktisch-methodische Hinweise

Das Tafelbild nimmt eine Gliederung des Bankensystems hinsichtlich verschiedener Kriterien vor.

Zur Erarbeitung bietet sich eine Internetrecherche an, wobei die Kriterien der Gliederung vorgegeben sind. Jeder Schülergruppe wird eine konkrete Bank zugewiesen, wobei sie den Auftrag hat, diese hinsichtlich der Gliederungskriterien zu untersuchen. Im Plenum stellen die Schüler ihre Ergebnisse vor. Diese können dann im Tafelbild fixiert werden.

Folgende Banken würden das Gliederungsspektrum abdecken: Deutsche Bank, Castell Bank, Sparkasse, Raiffeisenbank, ING-Diba, Apo-Bank, Schwäbisch Hall.

Je nach Zeit können noch konkrete Banken zu den einzelnen Gliederungspunkten fixiert werden (z. B. AG – Deutsche Bank, Genossenschaft – Raiffeisenbank, ...).

Erläuterungen zur Präsentation

1. Zentralelement: Wie haben sich die Banken spezialisiert?
2. nach Geschäftsbereich
3. räumlich
4. nach Rechtsform
5. nach Kundengruppen
6. Beispiele für Geschäftsbereiche
7. Beispiele für räumliche Gliederung
8. Beispiele für Rechtsformen
9. Beispiele für Kundengruppen
10. Merksatz

4.3 Kreditarten

Ist Kredit gleich Kredit? – Kreditarten

Kredite (lat. credere „glauben“) können nach unterschiedlichen Kriterien eingeteilt werden:

Laufzeit	**Bereitstellung**	**Adressat**	**Sicherung**
• kurzfristige Kredite (bis zu 1 Jahr) • mittelfristige Kredite (1 bis 4 Jahre) • langfristige Kredite (länger als 4 Jahre)	• Bar-/Buchkredite (Bereitstellung in liquiden Mitteln) • Lieferantenkredite (z. B. Zahlungsziel oder Ratenkäufe)	• Unternehmen (Produktivkredite für Investitionen oder Werkstoffe) • Haushalte (Konsumkredite für Anschaffungen) • Staat	• Personalkredite, ungedeckte Kredite (Kreditwürdigkeit des Schuldners) • Sach-/Realkredite, dringlich gesicherte Kredite
⇩ wichtig für die buchhalterische Erfassung	⇩ Vergleich über die effektive Verzinsung	⇩ hat Auswirkung auf Zinssatz und Sicherungsanforderung	⇩ Absicherung der Bank gegen Forderungsausfall

4.3 Kreditarten

Didaktisch-methodische Hinweise

Dieses Tafelbild ist als eine Übersicht gestaltet und sollte daher am Ende einer Sequenz stehen, um die bereits behandelten Lerninhalte noch einmal zu wiederholen. Das Tafelbild unterscheidet Kredite in Hinsicht auf vier Kriterien:

Laufzeit: Diese ist für die buchhalterische Erfassung wichtig. Es empfiehlt sich, den Grad der Differenzierung der schuldartspezifischen Kontierung anzupassen. Dementsprechend entfallen zum Teil die mittelfristigen Kredite, welche dann unter den langfristigen subsumiert werden. Gegebenenfalls kann noch ein Hinweis auf die Folgen für die Unternehmensliquidität erfolgen.

Bereitstellung: Den Schülern soll verdeutlicht werden, dass auch Lieferantenkredite eine Form der Kreditgewährung darstellen. Es empfiehlt sich die konkrete Arbeit an einem Beleg. Der Kreditvergleich über die effektive Verzinsung kann ggf. rechnerisch an einem Beispiel erfolgen.

Adressat: Die Auswirkungen auf Zinssatz und Sicherheitsanforderungen werden besonders im Vergleich mit dem Staat als Kreditnehmer deutlich.

Sicherung: Hier kann auch der Hinweis erfolgen, dass der Grad des Ausfallrisikos Folgen für den Zinssatz hat (siehe Basel-II-Abkommen: höhere Risiken → höhere Zinsen).

Erläuterungen zur Präsentation

1. Einleitungssatz
2. Spaltenaufteilung
3. Laufzeit
4. kurzfristige Kredite
5. mittelfristige Kredite
6. langfristige Kredite
7. Die Laufzeit hat Auswirkung auf die buchhalterische Erfassung
8. Bereitstellung
9. Bar-/Buchkredit
10. Lieferantenkredit
11. Vergleich über die effektive Verzinsung
12. Adressat
13. Unternehmen
14. Haushalte
15. Staat
16. Auswirkungen auf Zinssatz und Sicherungsanforderungen
17. Sicherung
18. Personalkredite
19. Sach-/Realkredite
20. Absicherung der Bank gegen Forderungsausfall

4.4 Der Dispositionskredit

Was passiert, wenn ich mein Konto überziehe? – Der Dispositionskredit

Das Girokonto kann nach Vereinbarung mit der Bank bis zu einer festgelegten Kreditlinie (= Kreditlimit) überzogen werden (Höhe meist abhängig von den monatlichen Einkünften).

Privatpersonen: Dispositionskredit

Unternehmen: Kontokorrentkredit

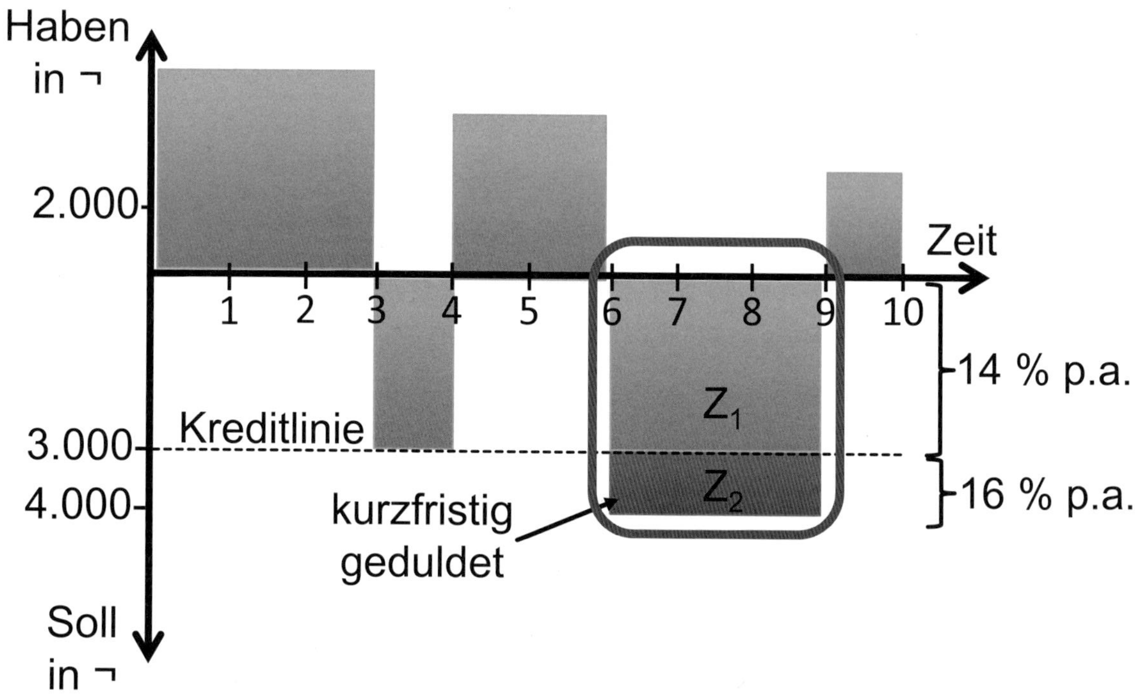

- (+) Erweiterung des Liquiditätsspielraums
- (+) flexibel und bequem in der Inanspruchnahme
- (–) hoher Zinssatz

$$Z = \frac{K \cdot p \cdot t}{100 \cdot 365} = Z_1 + Z_2 = \frac{3.000\,€ \cdot 14 \cdot 3\,d}{100 \cdot 365\,d} + \frac{1.000\,€ \cdot 16 \cdot 3\,d}{100 \cdot 365\,d} = \underline{\underline{4{,}77\,€}}$$

4.4 Der Dispositionskredit

Didaktisch-methodische Hinweise

Der Ausdruck „das Konto überziehen" ist selbst Schülern in unteren Jahrgangsstufen geläufig. Stundenziel ist es daher, den Dispositionskredit, bei Unternehmen als Kontokorrentkredit bezeichnet, als Kreditform vorzustellen. Je nach genauer Zielsetzung kann der Fokus auf der Berechnung der Überziehungszinsen oder auf dem sinnvollen Gebrauch als Privatperson (Stichwort Schuldenfalle) liegen.

Bei der Darstellung der Berechnung der Zinsen wurde die Schreibweise ohne Prozentzeichen gewählt. Diese gilt es, der jeweils schulartspezifischen oder den Schülern gewohnten Schreibweise anzupassen.

Als Einstieg kann man einen Kontoauszug vorlegen, der den eingeräumten Kreditrahmen angibt.

Erläuterungen zur Präsentation

1. Definition
2. Dispositionskredit
3. Kontokorrentkredit
4. Koordinatensystem
5. Beschriftung Haben (Merkhilfe für Schüler: Gut**haben**)
6. Beschriftung Soll (Merkhilfe für Schüler: **Soll** nicht sein)
7. Ordinatenbeschriftung
8. Abtragung der Beträge im Zeitverlauf
9. Einzeichnung der Kreditlinie
10. Hinweis, dass die Überziehung der Kreditlinie von Banken nur kurzfristig geduldet wird. Es besteht kein Anspruch auf diese Form der Überziehung.
11. Abtragung der Überziehungszinssätze
12. Vorteil: Erweiterung des Liquiditätsspielraums
13. Vorteil: flexibel und bequem (kein gesonderter Vertrag nötig) in der Inanspruchnahme
14. Nachteil: hoher Zinssatz (teuer)
15. Einblendung Rahmen für den Bereich, für den die Zinsen berechnet werden
16. Allgemeine Zinsformel
17. Benennung der Größen Z_1 und Z_2 (Rahmen verschwindet wieder)
18. $= Z_1 + Z_2$
19. Einsetzen in die Formel
20. Ergebnis

4.5 Formen der Kreditsicherung

Was passiert, wenn ich den Kredit nicht zurückzahlen kann? – Formen der Kreditsicherung

Banken sichern Kredite gegen ein Ausfallrisiko durch verschiedenste Verträge ab.

Bürgschaft

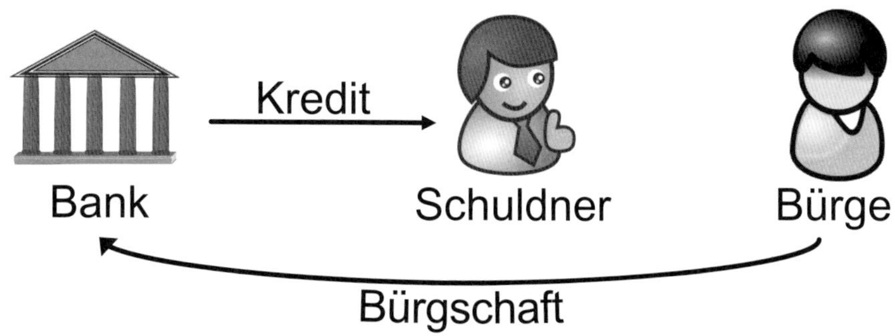

Bürge haftet mit seinem Vermögen, falls Schuldner ausfällt.

Sicherungsübereignung

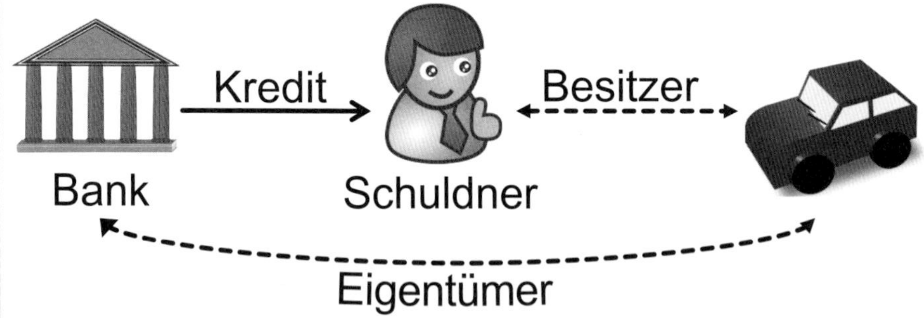

Bank verlangt bei Kreditausfall Eigentum von Schuldner und verkauft dieses.

Verpfändung

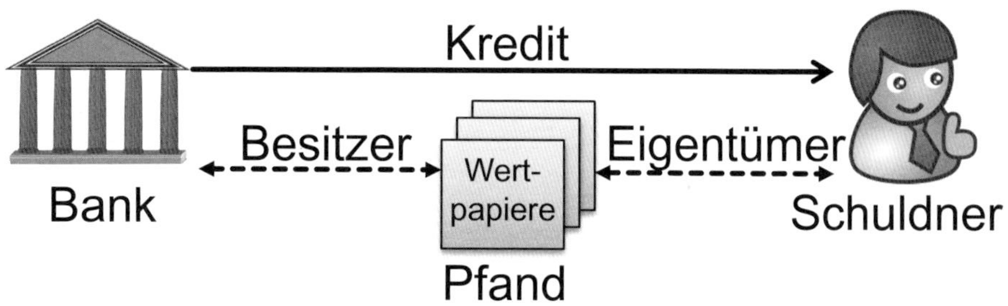

Bei Kreditausfall geht Eigentum an Bank über, die dieses dann verkauft.

Hypothek	**Grundschuld**
Beides sind notariell beglaubigte Pfandrechte an einer Immobilie.	
• an Schuldverhältnis gebunden • erlischt nach Rückzahlung • dingliche und persönliche Haftung	• abstraktes Schuldverhältnis • bleibt weiter bestehen • nur dingliche Haftung

4.5 Formen der Kreditsicherung

Didaktisch-methodische Hinweise

Die Gestaltung des Tafelbildes beschränkt sich auf fünf gängige Formen der Kreditsicherung, wie sie im Privatbereich vorkommen. Liegt der Fokus im unternehmerischen Bereich, so kann die Bürgschaft gegen die Forderungsabtretung ausgetauscht werden.

Aus zeitlichen Gründen kann es notwendig sein, das Tafelbild weiter zu reduzieren. Ob ihres Abstraktionsgrades sind Hypothek und Grundschuld besonders erklärungsbedürftig. Daher empfiehlt es sich die Hypothek wegzulassen, da sie in Deutschland weitestgehend von der praxisüblichen Grundschuld verdrängt wurde.

Erläuterungen zur Präsentation

1. einleitender Lehrsatz
2. **Bürgschaft** und Abgrenzungsgitter
3. Bank gibt Kredit an Schuldner
4. Bürge bürgt
5. Erklärung zur Bürgschaft
6. **Sicherungsübereignung**
7. Bank gibt Kredit an Schuldner
8. Auto
9. Schuldner ist Besitzer
10. Bank wird Eigentümer
11. Erklärung zur Sicherungsübereignung
12. **Verpfändung**
13. Bank gibt Kredit an Schuldner
14. Wertpapiere fungieren als Pfand
15. Bank wird Besitzer
16. Schuldner bleibt Eigentümer
17. Erklärung zur Verpfändung
18. **Hypothek/Grundschuld**
19. grauer Kasten: notariell beglaubigte Pfandrechte
20. Form des Schuldverhältnisses
21. Folge nach Rückzahlung des Kredits
22. Haftung

4.6 Möglichkeiten der Kredittilgung

Wie tilgt man einen Kredit? – Möglichkeiten der Kredittilgung

Annuitätendarlehen
Annuität (Zahlungsrate) bleibt gleich.

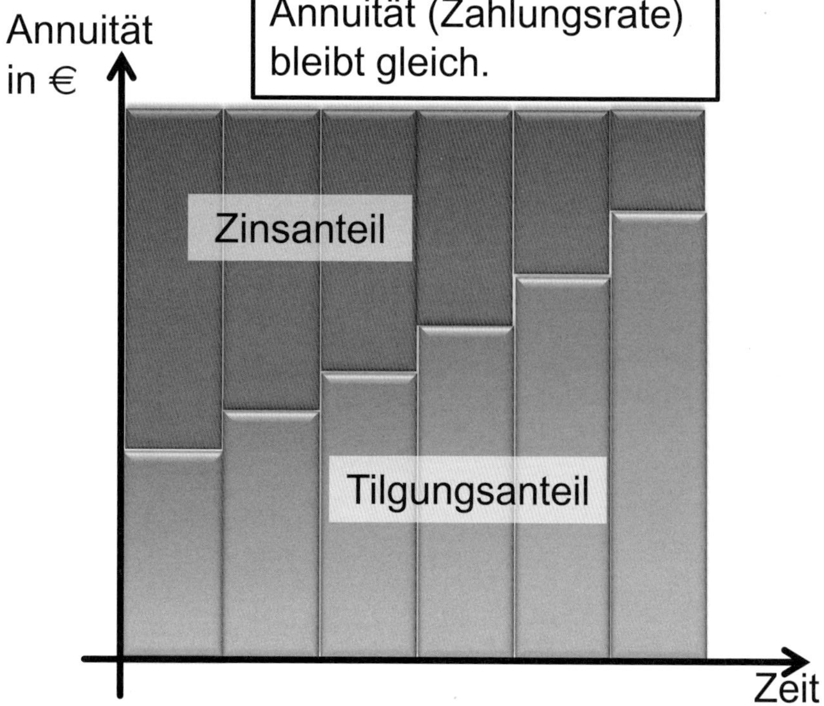

Abzahlungsdarlehen
Die Tilgungsrate bleibt gleich.

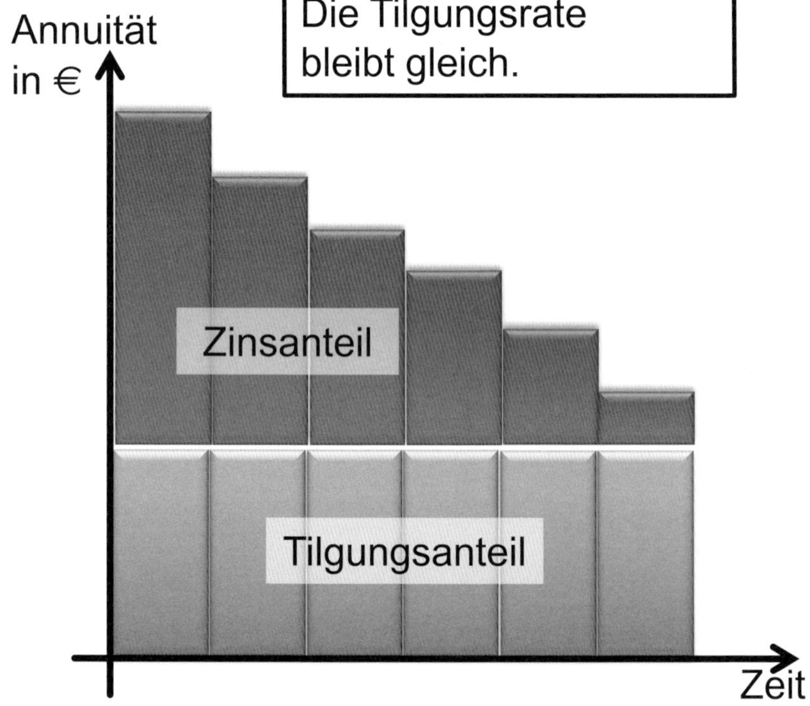

Festdarlehen/endfälliges Darlehen
Tilgung erfolgt am Ende der Laufzeit.
Die Zinszahlungen sind während der Laufzeit zu zahlen.

Merke

Das Annuitätendarlehen ist die praxisübliche Tilgungsform, da die Rückzahlung der gleich bleibenden Raten am besten zu planen ist.

4.6 Möglichkeiten der Kredittilgung

Didaktisch-methodische Hinweise

Das Tafelbild stellt die verschiedenen Formen der Kredittilgung vor. Aus Gründen der Übersichtlichkeit wurde auf die Berechnung der einzelnen Zins- und Tilgungsanteile verzichtet, zumal dies beim Annuitätendarlehen aufgrund der finanzmathematischen Komplexität nur bedingt möglich ist.

Für die rechnerische Umsetzung im Unterricht empfiehlt es sich auf die Tabellenkalkulation zurückzugreifen. Hier kann man an einem konkreten Beispiel sowohl Abzahlungs- als auch Annuitätendarlehen gut darstellen und die Ergebnisse gleich in die entsprechenden Grafiken umwandeln, wie sie im Tafelbild skizziert wurden.

Als Einstieg eignet sich ein Rollenspiel zwischen Kreditnehmer und Bankangestelltem, in dem die beiden darüber reden, wie ein Kredit zurückgezahlt werden soll.

Erläuterungen zur Präsentation

1. Koordinatensystem Annuitätendarlehen
2. Abtragung erster Zins-/Tilgungsanteil
3. Abtragung zweiter Zins-/Tilgungsanteil
4. Abtragung dritter Zins-/Tilgungsanteil → alle weiteren erscheinen automatisch
5. Definitionskasten Annuitätendarlehen
6. Koordinatensystem Abzahlungsdarlehen
7. Abtragung der Tilgungsanteile
8. Abtragung erster Zinsanteil
9. Abtragung zweiter Zinsanteil
10. Abtragung dritter Zinsanteil → alle weiteren erscheinen automatisch
11. Definitionskasten Abzahlungsdarlehen
12. Definitionskasten Festdarlehen
13. Merke

4.7 Grundsätze der Geldanlage

Sparen, aber wie? – Grundsätze der Geldanlage

Das „magische“ Dreieck der Geldanlage

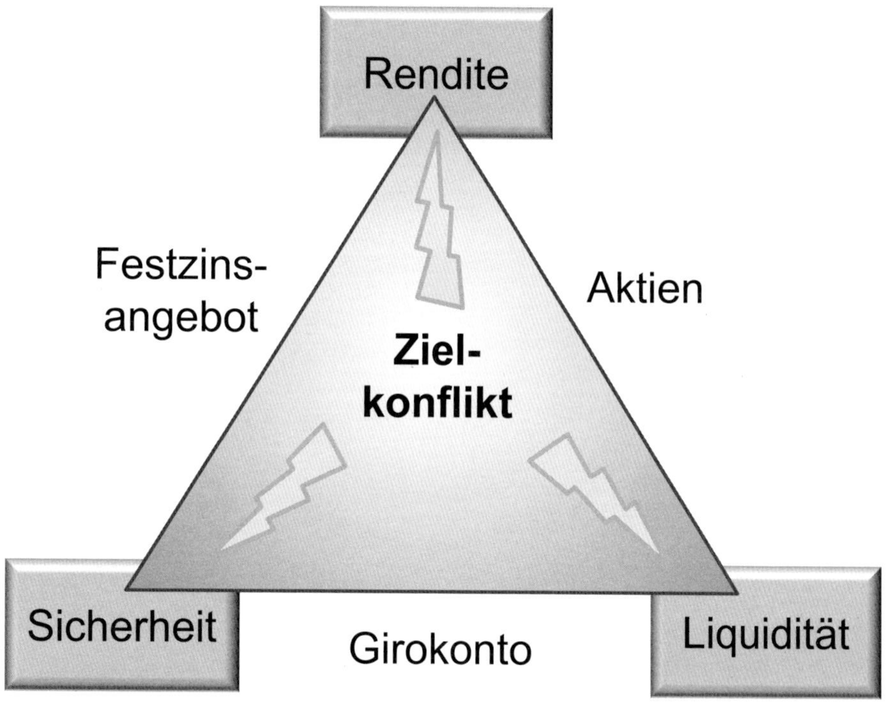

Grundsätze des Vermögensaufbaus

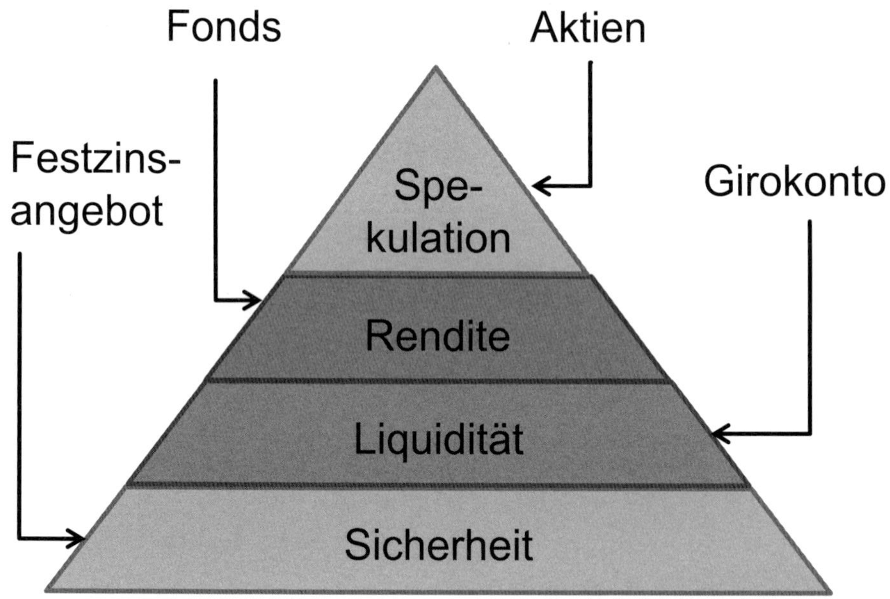

Merke

Jede Anlageform hat Vor- und Nachteile, zwischen denen es je nach Lebenssituation und Umständen abzuwägen gilt.
Anlagenstreuung (Diversifikation) hilft einen Ausgleich zu finden.

4.7 Grundsätze der Geldanlage

Didaktisch-methodische Hinweise

Diese Unterrichtseinheit soll den Schülern Hilfestellung bei der Geldanlage bieten. Hierfür werden das „magische" Dreieck der Geldanlage (eine unglückliche, aber leider gängige Bezeichnung, da lediglich ein Zielkonflikt, aber keine Metaphysik vorliegt) und die Pyramide des Vermögensaufbaus vorgestellt.

Als Stundeneinstieg und roter Faden könnte man einem Schüler einen Geldgewinn zukommen lassen. Diesen Gewinn gilt es jetzt anzulegen. Die Schüler erhalten verschiedene Angebote (Festzinsangebot, Aktien, Girokonto) und sollen sich in Kleingruppen beraten, wie das Geld am geschicktesten anzulegen sei. Über den Vergleich der verschiedenen Ergebnisse kann das Dreieck entwickelt werden und die verschiedenen Anlageformen können fixiert werden. Die Pyramide lässt sich darauf aufbauend erarbeiten.

Materialien zum Thema Geldanlage kann man bei den verschiedenen Banken erhalten.

Erläuterungen zur Präsentation

1. **Teilüberschrift: Das „magische" Dreieck der Geldanlage**
2. Dreieck mit beschrifteten Ecken
3. Girokonto
4. Aktien
5. Festzinsangebot
6. Zielkonflikt
7. **Teilüberschrift: Grundsätze des Vermögensaufbaus**
8. Sicherheit
9. Liquidität
10. Rendite
11. Spekulation
12. Festzinsangebot
13. Girokonto
14. Fonds
15. Aktien
16. Merke

4.8 Die Börse

Was machen Bulle und Bär vor der Börse? – Die Bedeutung der Börse

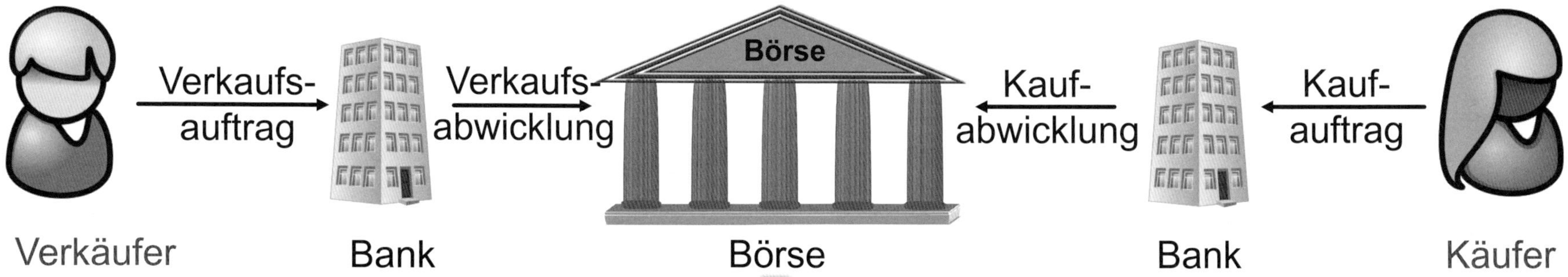

Durch Angebot und Nachfrage von Wertpapieren
bildet sich auf dem Markt (Börse) der Kurs (Preis).

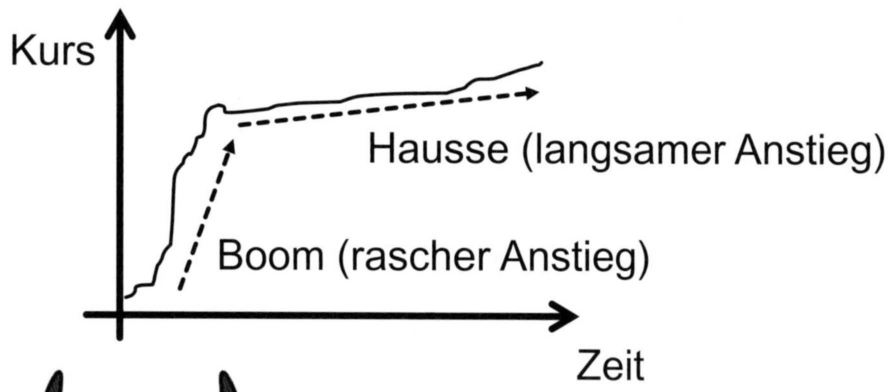

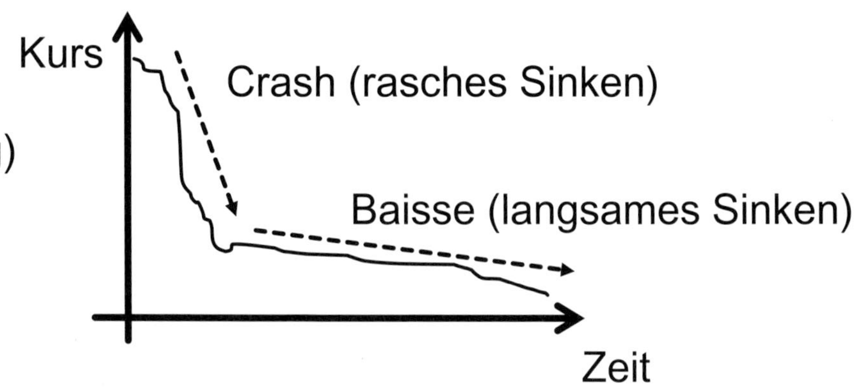

Bulle
steigende Kurse, die mit Hörnern
nach oben geworfen werden

Bär
fallende Kurse, die mit den Tatzen
nach unten gedrückt werden

4.8 Die Börse

Didaktisch-methodische Hinweise

Die Behandlung des Themas Börse hat viele Aspekte, die sicherlich nicht alle in ein Tafelbild zu integrieren sind. So wurde in dem vorliegenden Vorschlag auf einen historischen Rückblick der Entstehung der Börse verzichtet, ebenso auf eine geografische Verortung der deutschen oder gar internationalen Präsenzbörsen.

Auch die Darstellung des Aktienein- bzw. Aktienverkaufs wurde vereinfacht. Wenn es Zeit und Platz zulassen, kann man die Zeichnung um Broker und Makler, Spesen und Courtage oder gar Computerbörsen, wie die Handelsplattform XETRA, erweitern.

Als schnellen Einstieg kann man ein Bild der Frankfurter Börse auflegen, auf dem Bulle und Bär zu sehen sind. Dieses Bild wird mit den Schülern besprochen, woraufhin bereits die Überschrift fixiert werden kann.

Erläuterungen zur Präsentation

1. Verkäufer/Käufer
2. Verkaufs-/Kaufvertrag an Bank
3. Verkaufs-/Kaufabwicklung an Börse
4. Definition Börse als Markt
5. Beide Kursverläufe
6. Boom
7. Hausse
8. Crash
9. Baisse
10. Bulle mit Erklärung
11. Bär mit Erklärung

4.9 Aktien

Sind Aktien nur eine Wertanlage? – Die Bedeutung der Aktie

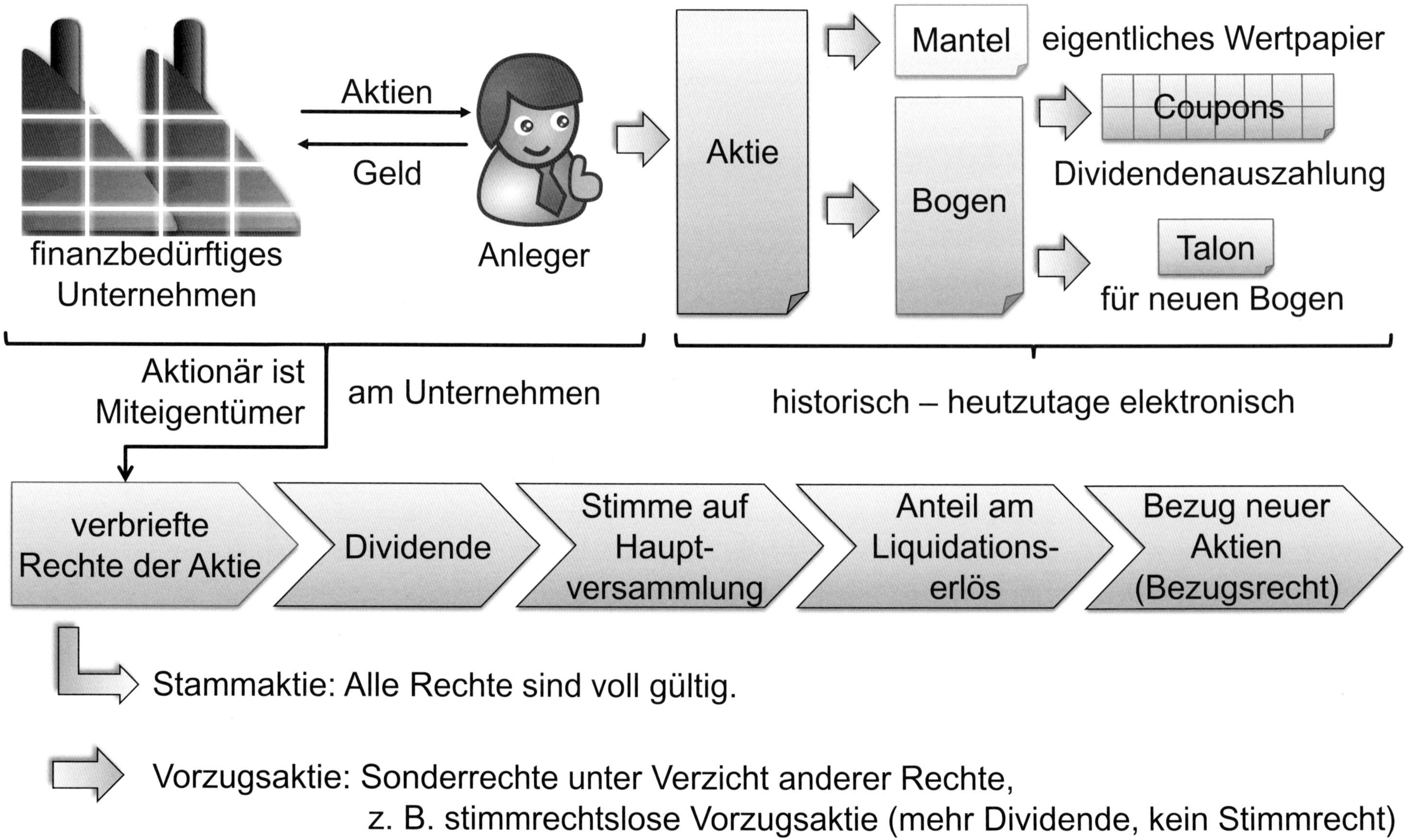

4.9 Aktien

Didaktisch-methodische Hinweise

Die Aktie in ihrer historischen Form mit Mantel und Bogen gehört wohl der Vergangenheit an, ist aber aus didaktischer Sicht ein gutes Hilfsmittel, um den Schülern die Funktionsweise von Aktien zu erklären.

Daher bietet sich als Einstieg die gemeinsame Untersuchung einer Aktie (am besten bestehend aus Mantel und Bogen) an. Historische Aktien kann man recht günstig über eBay ersteigern. Schüler sind sehr daran interessiert, wirklich einmal ein solches Wertpapier in den Händen zu halten. Nachdem die Aktie von den Schülern betrachtet wurde, kann man mit der Frage „Sind Aktien nur eine Wertanlage?" zur konkreten Stunde hinführen.

Erläuterungen zur Präsentation

1. finanzbedürftiges Unternehmen
2. Anleger
3. Anleger übergibt Geld an Unternehmen
4. Unternehmen wird aufgeteilt
5. Anleger erhält gemäß Geldbetrag Aktien als Unternehmensanteile
6. Aktie
7. Mantel
8. Erklärung Mantel
9. Bogen
10. Coupons
11. für Dividendenauszahlung
12. Talon
13. für neuen Bogen
14. Hinweis darauf, dass heute Aktiengeschäfte elektronisch erfolgen
15. Aktionär ist Miteigentümer am Unternehmen und hat daher verbriefte Rechte
16. Dividende
17. Stimmrecht
18. Anteil am Liquidationserlös
19. Bezugsrecht
20. Stammaktie mit Erklärung
21. Vorzugsaktie mit Erklärung

4.10 Börsenkurse

Warum fallen oder steigen Aktienkurse? – Der Börsenkurs

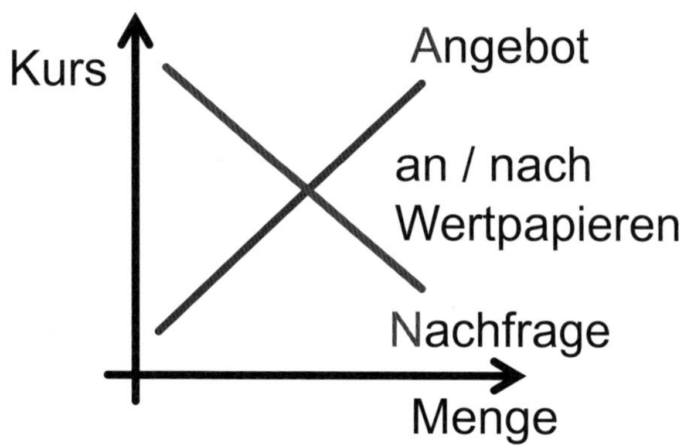

Kurse steigen ...
... bei steigender Nachfrage/sinkendem Angebot
(z. B. fallende Zinsen, gute Gewinnaussichten).

Spiegelbildliches Verhalten

Kurse fallen...
... bei sinkender Nachfrage/steigendem Angebot
(z. B. sinkende Umsätze, schlechte Kennzahlen).

Käufe (Anzahl)	Limit (max.)	Verkäufe (Anzahl)	Limit (min.)
10	43,4 €	20	bestens
50	43,5 €	40	43,4 €
40	43,6 €	30	43,5 €
30	billigst	10	43,7 €

Kurs	Anzahl Käufe	Anzahl Verkäufe	Umsatz
43,4 €	130 (30+10+50+40)	60 (20+40)	60
43,5 €	120 (30+50+40)	90 (20+40+30)	90
43,6 €	70 (30+40)	90 (20+40+30)	70
43,7 €	30 (nur billigst)	100 (alle)	30

⇨ Der Einheitskurs ist jener mit dem größtmöglichen Umsatz!

4.10 Börsenkurse

Didaktisch-methodische Hinweise

Dieses Tafelbild erklärt schrittweise die Entstehung von Aktienkursen. Ausgangspunkt ist das klassische Angebots-/Nachfragediagramm. Hierauf aufbauend werden dann die Gründe steigender bzw. fallender Kurse erklärt. Schließlich wird systematisch eine Kurstabelle erstellt, deren Ergebnis der Einheitskurs ist.

Ein möglicher Stundeneinstieg wäre die Projektion verschiedener, wenn möglich aktueller, steigender bzw. fallender Kursverläufe ausgewählter Aktien. Daraus entwickelt sich dann recht schnell die Frage, warum sich der jeweilige Kurs in die eine oder andere Richtung entwickelt hat.

Besonders bieten sich aufbereitete Verlaufsgrafen an, bei denen an markanten Wendepunkten besondere Ereignisse erfolgten (z. B. Veröffentlichung schlechter Quartalszahlen → Kurseinbruch; Ankündigung des Vorstands Einsparmaßnahmen vorzunehmen → Kursanstieg, ...). Diese können dann sowohl für den Einstieg als auch für die Erarbeitung der Gründe für steigende bzw. sinkende Kurse verwendet werden. Hierzu könnte man via Overlay- bzw. animierter Folie die jeweiligen Ereignisse dem Einstiegsbeispiel hinzufügen (siehe Beispiel unten).

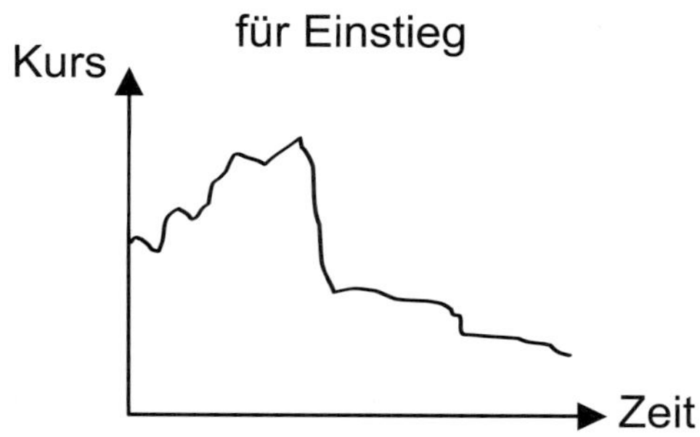

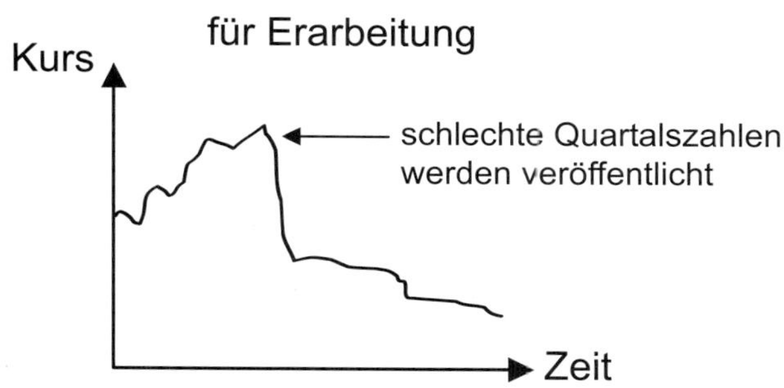

Erläuterungen zur Präsentation

1. Koordinatensystem
2. Angebot
3. Nachfrage
4. Kurse steigen
5. Erklärung für steigende Kurse
6. Kurse fallen
7. Erklärung für fallende Kurse
8. Spiegelbildliches Verhalten
9. Käufe und zugehöriges Limit
10. Verkäufe und zugehöriges Limit

11. – 29. Aufbau der Umsatztabelle

30. Umrahmung des Einheitskurses
31. Definition des Einheitskurses

4.11 Investmentfonds

Kleinsparer und trotzdem im Börsengeschäft! – Investmentfonds

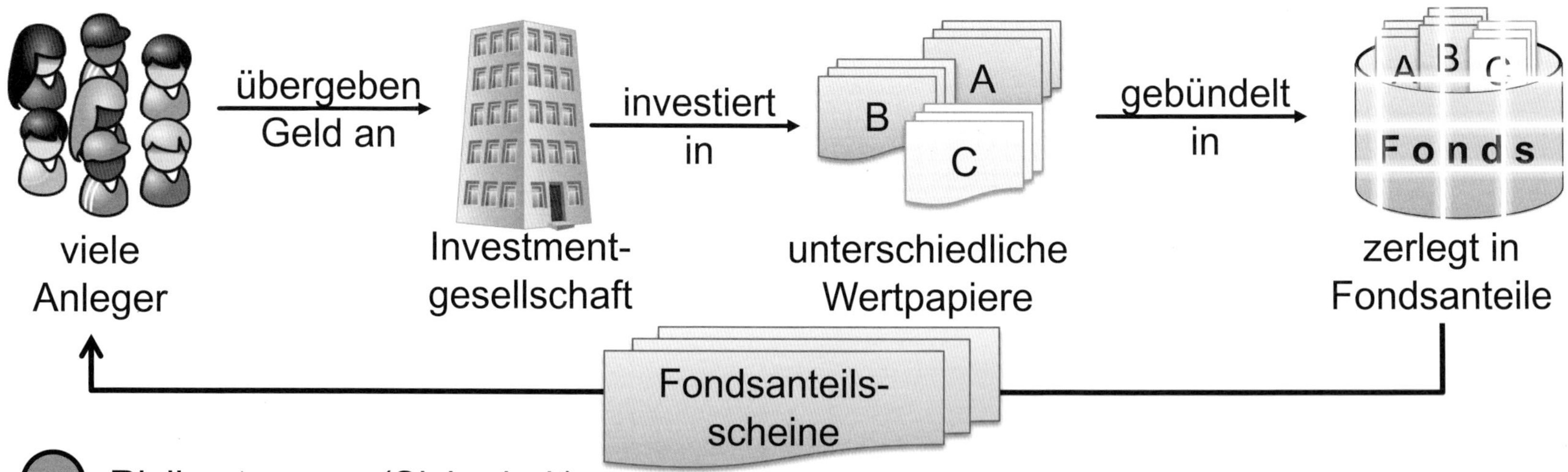

+ Risikostreuung (Sicherheit)
+ kleine Anlagebeträge möglich
+ Verwaltung durch Fachleute

– nur durchschnittliche Renditechancen
– höhere Kosten gegenüber Direktanlage

Fondstypen

- Rohstoff- (z.B. Kupfer)
- Immobilien- (z.B. Büros)
- Aktien- (z.B. Dax 30)
- Länder- (z.B. USA, EU)
- Branchen- (z.B. IT-Branche)
- Renten- (festverzinsliche Wertpapiere)

4.11 Investmentfonds

Didaktisch-methodische Hinweise

Aufbauend auf der Grundidee Risiko zu streuen, bietet ein Investmentfonds sowohl dem sicherheitsbewussten wie auch dem renditeorientierten Anleger Möglichkeiten, je nachdem in welchen Fonds investiert wird. Daher ist es wichtig, dass Schüler für die unterschiedlichen Investmentfondsarten sensibilisiert werden, sodass sie später gemäß ihrem Anlegertyp eine Auswahlentscheidung treffen können.

Das Tafelbild soll das grundlegende Prinzip von Investmentfonds erläutern, Vor- und Nachteile der Anlage in Fonds aufzeigen und unterschiedliche Fondstypen vorstellen. Die Thematik lässt sich recht gut grafisch an der Tafel erarbeiten, z. B. aufbauend auf einen Lehrbuchtext.

Unterrichtsmaterialien zu der Thematik finden sich u. a. auf folgenden Seiten:

- http://www.hoch-im-kurs.de (Rubrik: Downloads)
- http://www.schulbank.de (Rubrik: Der große Geldtest → Downloads)

Erläuterungen zur Präsentation

1. Anleger
2. übergeben Geld an Investmentgesellschaft
3. Investmentgesellschaft investiert in unterschiedliche Wertpapiere
4. gebündelt in Fonds
5. zerlegt in Fondsanteile (mit Zerlegungsgitter)
6. Fondsanteilsscheine
7. Vorteile von Investmentfonds
8. Nachteile von Investmentfonds
9. Man unterscheidet verschiedene Fondstypen.
10. Rohstoff-
11. Immobilien-
12. Aktien-
13. Länder-
14. Renten-
15. Branchenfonds

5.1 Funktionen von Geld

Mehr als nur zum Bezahlen? – Funktionen von Geld

Geld dient als/zur

Zahlungsmittel	Wertmesser	Wertaufbewahrung	Wertübertragung
Geld als Gegenwert für Waren und Dienstleistungen (z. B. Ball kaufen)	Wirtschaftlicher Wert lässt sich über Preise vergleichen (z. B. Auto teuerer als Ball).	Durch Sparen lässt sich der Konsumzeitpunkt verschieben (Geld sparen).	Geldwerte lassen sich transferieren (z. B. Erbe, Kredit).

Voraussetzung: Vertrauen in die Stabilität und Akzeptanz von Geld

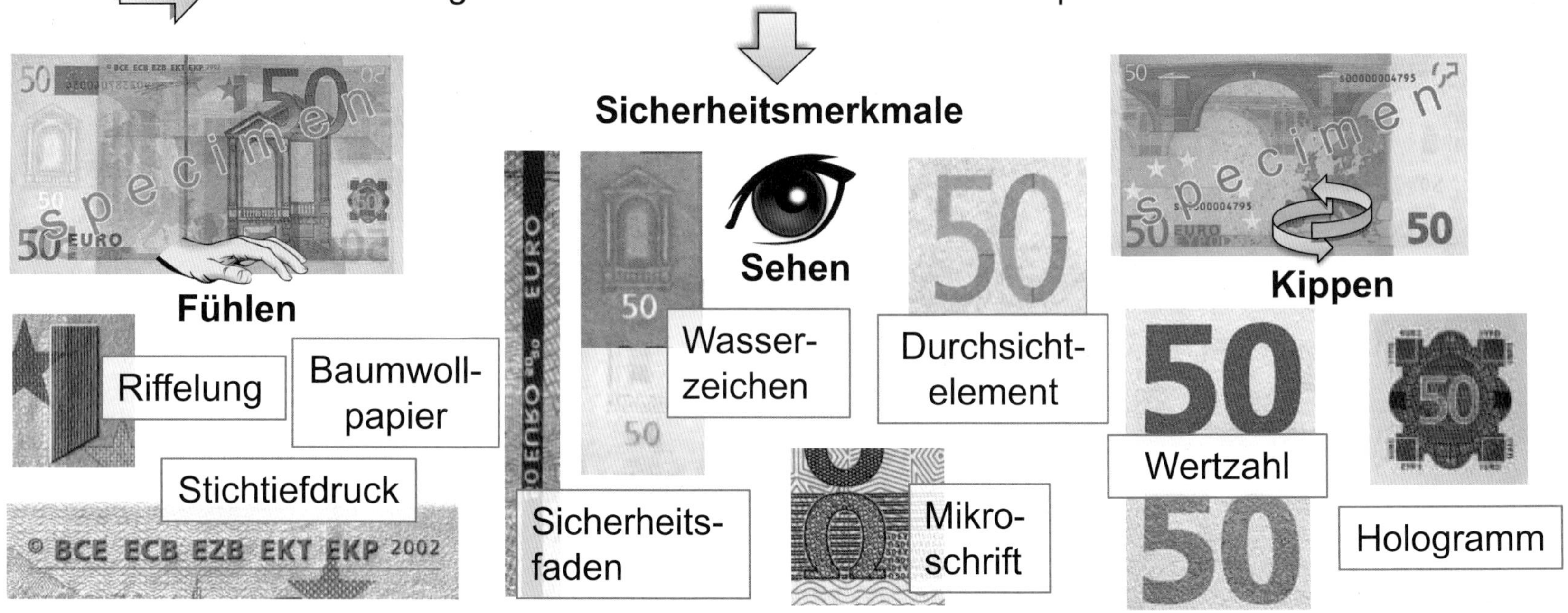

5.1 Funktionen von Geld

Didaktisch-methodische Hinweise

Dass Geld als Zahlungsmittel verwendet wird, ist allseits bekannt. Doch Geld erfüllt darüber hinaus noch weitere Funktionen. Geld dient als Wertmesser, Wertaufbewahrungsmittel und als Wertübertragungsmittel. All diese Funktionen setzen allerdings voraus, dass Vertrauen in die Stabilität und die Akzeptanz der Währung vorliegt. Schwindet dieses Vertrauen, so wird aus Geldscheinen nur bunt bedrucktes Papier (z. B. Inflationswährung).

Zur Vorstellung der Sicherheitsmerkmale kann man einen Experten in den Unterricht einladen. Die Zweigstellen der Deutschen Bundesbank bieten Schulbesuche an, bei denen sie über die Sicherheitsmerkmale informieren. Hierfür wird „echtes" Falschgeld mitgebracht und mit echten Banknoten verglichen.

Alternativ kann man die Stunde für die Schüler interessanter machen, indem man die Geldscheine unter dem Mikroskop (Mikroschrift) oder unter Schwarzlicht (UV-Merkmale) betrachtet.

Damit die Schüler die Sicherheitsmerkmale am konkreten Beispiel der 50-€-Banknote in ihr Heft übertragen können, kopiert man für jeden Schüler eine Banknote (Vor- und Rückseite), die diese dann entsprechend zerschneiden und in ihr Heft kleben.

Erläuterungen zur Präsentation

1. Geld dient als/zur
2. Zahlungsmittel + Erklärung
3. Wertmesser + Erklärung
4. Wertaufbewahrung + Erklärung
5. Wertübertragung + Erklärung
6. Vertrauen und Akzeptanz als Voraussetzung
7. Sicherheitsmerkmale von Geldscheinen
8. 50-€-Scheine
9. **Fühlen**
10. Riffelung
11. Stichtiefdruck
12. Baumwollpapier (Darum übersteht Geld die Waschmaschine!)
13. **Sehen**
14. Sicherheitsfaden
15. Wasserzeichen
16. Mikroschrift
17. Durchsichtelement
18. **Kippen**
19. Wertzahl
20. Hologramm

5.2 Geschichte des Geldes 1

Gab es schon immer Geld? – Die Geschichte des Geldes 1

	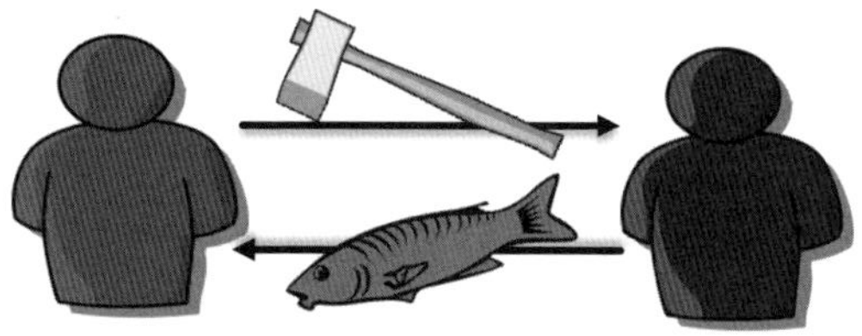 Naturaltausch	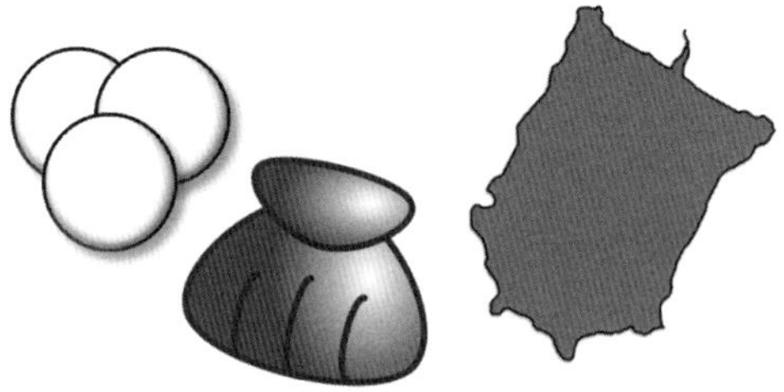 Warengeld	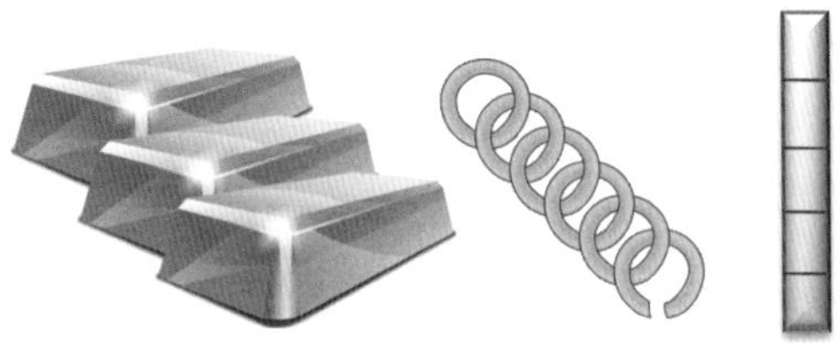 Metallgeld
Beschreibung	Tausch von Ware gegen Ware, z. B. Fisch gegen Axt, Felle gegen Getreide	Bestimmte, seltene und wertvolle Waren werden zu allgemeinem Tauschgut, z. B. Muscheln, Perlen, Fell, Edelmetalle.	in Barren- oder Stabform gegossenes Metall (verschiedene Größen) oder Schmuckgeld
–	• kein geeigneter Tauschpartner • teilweise Unteilbarkeit • Verderblichkeit • Transport oft schwierig	• immer noch teilweise Unteilbarkeit und Verderblichkeit • Transport weiterhin schwierig	• hohes Gewicht • Wiegen nötig • Betrugsgefahr durch unreine Metalle
+		Tauschwert allgemein bekannt und anerkannt	Unverderblichkeit und prinzipiell teilbar

5.2 Geschichte des Geldes 1

Didaktisch-methodische Hinweise

Die Darstellung der Geschichte des Geldes ist zu umfangreich, um sie in einem Tafelbild darzustellen. Daher wurde das Thema auf zwei Schulstunden verteilt. Sollte eine schnellere Behandlung nötig sein, empfiehlt es sich, die Stufe des Metallgeldes auszusparen und das Münz- bzw. Papiergeld zusammenzufassen.

Als Einstieg könnte man ein Warentauschspiel durchführen. Mehrere Schüler erhalten einen Gegenstand und eine Anweisung, was sie gerne gegen diesen Gegenstand eintauschen würden. Diese Schüler dienen sozusagen als Statisten, denn sie werden selber nicht aktiv. Lediglich ein Schüler soll aktiv sein Tauschziel verfolgen, wozu er die komplette Tauschkette abarbeiten muss. Hieran anschließend wird im Gespräch geklärt, wie heute solch eine Transaktion abgewickelt werden würde, was die im Tafelbild stehende Frage aufwirft. Alternativ könnte dieses Spiel auch in schriftlicher Form durchgeführt werden. Eine Arbeitsblattvorlage findet sich auf folgender Seite:

http://www.schulbank.de (Rubrik: Der große Geldtest → Geschichte des Geldes → Downloads)

Auf dieser Seite findet man auch einen kurzen geschichtlichen Abriss der Entwicklung des Geldes, der für eine Erarbeitung genutzt werden könnte.

Weitere Hinweise zu diesem Thema finden Sie beim zweiten Tafelbild: 5.3 Geschichte des Geldes 2.

Erläuterungen zur Präsentation

1. Tabelle
2. **Naturaltausch**
3. Beschreibung Naturaltausch
4. Nachteile
5. **Warengeld**
6. Beschreibung
7. Nachteile
8. Vorteile
9. **Metallgeld**
10. Beschreibung
11. Nachteile
12. Vorteile

5.3 Geschichte des Geldes 2

Gab es schon immer Geld? – Die Geschichte des Geldes 2

	 **Münzgeld**	 **Papiergeld**	  **Buch- oder Giralgeld**
Beschreibung	Edelmetallplättchen, meist mit Wertangabe • Kurantmünze: Wert durch Metallgehalt gedeckt • Scheidemünze: Metallgehalt entspricht nicht Wert	Einzahlungsbelege von Münzen werden als Banknoten verwendet (100%- Deckung). Heutzutage von Zentralbanken ausgegeben	Nicht mehr durch Bargeld gedeckte Geldmenge, die buchhalterisch durch die Banken erfasst wird.
–	Bei großen Summen • hohes Gewicht • aufwendiges Zählen	• Verlustgefahr • Diebstahlsgefahr • materielle Übergabe nötig	Heutzutage existiert keine reale Deckung der Geldmenge mehr (Geldwert basiert auf Vertrauen gegenüber der Notenbank).
+	Es sind keine Hilfsmittel zum Wiegen oder Teilen mehr nötig.	• geringes Gewicht auch bei hohen Summen • relativ fälschungssicher	• leicht transferierbar • Geldmenge leicht der Gütermenge anpassbar

5.3 Geschichte des Geldes 2

Didaktisch-methodische Hinweise

Aufbauend auf dem vorhergehenden Tafelbild werden die letzten drei Stationen der Geldentwicklung dargestellt. Je nach Altersstufe treten beim Giralgeld Verständnisschwierigkeiten auf. Dementsprechend gilt es, eine weitere didaktische Reduktion, gerade bezüglich der Wortwahl, vorzunehmen.

Dieses Thema lässt sich auch gut durch einen Besuch des Geldmuseums in Frankfurt bearbeiten. Ferner bietet das Museum in Kooperation mit der Deutschen Bundesbank Lehrer- und Schülermaterialien an, die auf der Homepage des Museums heruntergeladen werden können (http://www.geldmuseum.de).

Als Themenabschluss oder als Hausaufgabe bietet die Schulbank auf ihrer Internetseite (http://www.schulbank.de → Rubrik: Der große Geldtest → Geschichte des Geldes → Downloads) ein nettes Kreuzwort- bzw. Bilderrätsel an. Gerade das Bilderrätsel eignet sich hervorragend für jüngere Schüler.

Erläuterungen zur Präsentation

1. Tabelle
2. **Münzgeld**
3. Beschreibung Münzgeld
4. Nachteile
5. Vorteile
6. **Papiergeld**
7. Beschreibung
8. Nachteile
9. Vorteile
10. **Buch- oder Giralgeld**
11. Beschreibung
12. Nachteile
13. Vorteile

5.4 Halbbare Zahlungen

Mal anders bar bezahlen! – Halbbare Zahlungen

Bei der halbbaren Zahlung benutzt nur eine Vertragspartei Bargeld, die andere ein Girokonto.

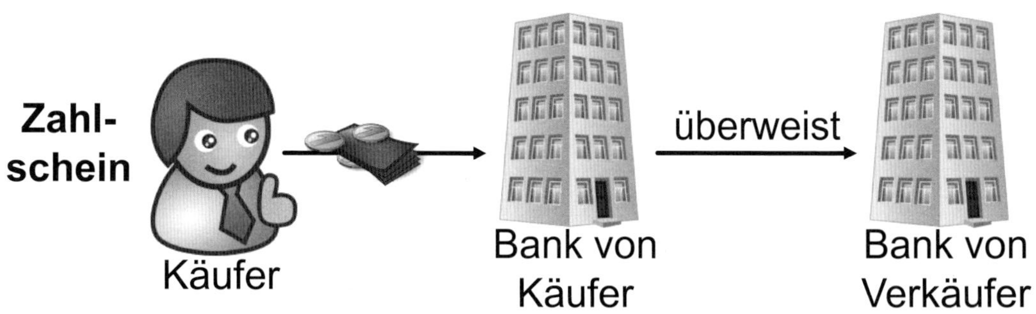

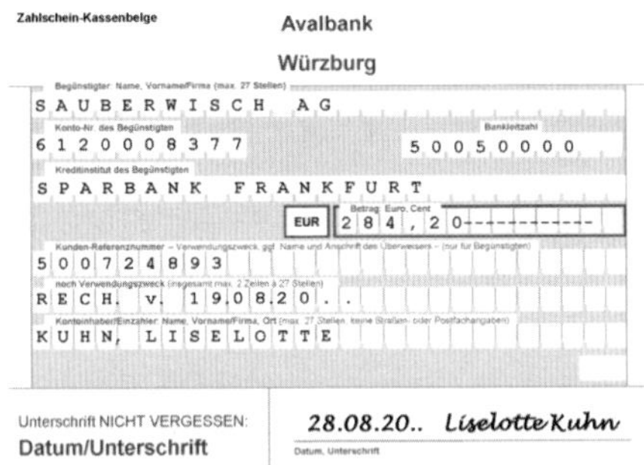
Zahlschein-Kassenbelege
Avalbank
Würzburg
SAUBERWISCH AG
6120008377
50050000
SPARBANK FRANKFURT
EUR 284,20
500724893
RECH. v. 19.08.20..
KUHN, LISELOTTE
Unterschrift NICHT VERGESSEN: Datum/Unterschrift
28.08.20.. Liselotte Kuhn

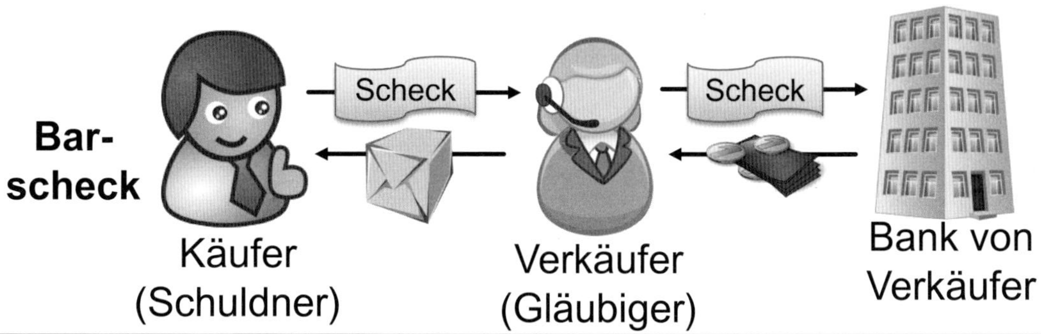

Kreditbank Würzburg AG
Zahlen Sie gegen diesen Scheck
Eintausendeinhundert-
Betrag in Buchstaben
achzig
noch Betrag in Buchstaben
EUR
Betrag: Euro, Cent
1.180,00------
an Firma Computerland Würzburg oder Überbringer
Würzburg, 07.02.20..
Ausstellungsort, Datum
Peter Mager
Unterschrift des Ausstellers
Laptop Nexus TX-7856
Scheck-Nr. | Konto-Nr. | Betrag | Bankleitzahl | Text
28858484 7625171 76070024 11
Bitte dieses Feld nicht beschriften und nicht bestempeln

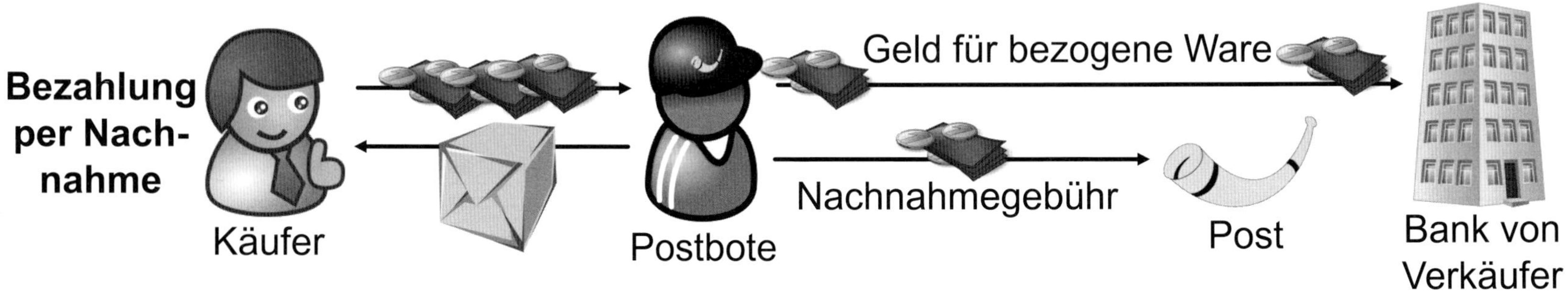

5.4 Halbbare Zahlungen

Didaktisch-methodische Hinweise

Die Thematik und dementsprechend das Tafelbild richtet sich eher an eine jüngere Zielgruppe, Schüler der 7. und 8. Klasse, die selber noch sehr wenig Erfahrung im Umgang mit Geld haben.

Neben der inhaltlichen Klärung, wie die jeweilige Zahlungsart abläuft, sollten die Schüler an dieser Stelle üben, wie die jeweiligen Formulare korrekt ausgefüllt werden. Die gängigen Vordrucke kann man in der Regel bei seiner eigenen oder der Bank der Schule beziehen. Eine weitere Möglichkeit ist die Bestellung der kostenfreien Broschüre „Bezahlen heute", die vom Bundesverband deutscher Banken herausgegeben wird und die zudem einen Satz von Vordrucken enthält.

Als Einstieg bietet sich eine schülernahe, da völlig reale Problemstellung an. Der Lehrer hat z. B. für die Klassenfahrt einen Bus bestellt, dementsprechend Geld von den Schülern eingesammelt und möchte dieses nun dem Busunternehmer zukommen lassen. Selber ist er Kunde einer Internetbank und für das Schulkonto hat er keine Vollmacht. Die eben genannte Problemstellung setzt man (wenn nicht wirklich gerade dieser Fall eingetreten ist) in einem kleinen Rollenspiel um und landet so automatisch beim Zahlschein.

Beim Barscheck kann noch der Hinweis auf den Verrechnungsscheck (bargeldlose Zahlung) und dessen Einsatzbereich (immer wenn Kontodaten nicht bekannt sind bzw. noch sehr häufig im Ausland) erfolgen.

Erläuterungen zur Präsentation

1. Definition halbbare Zahlung
2. **Zahlschein**
3. Käufer
4. gibt Geld
5. an Bank von Käufer
6. Einblendung Zahlschein
7. Bank von Käufer überweist an
8. Bank von Verkäufer
9. **Barscheck**
10. Käufer/Verkäufer
11. Verkäufer übergibt Ware
12. Käufer übergibt Scheck
13. Einblendung Scheck
14. Verkäufer übergibt Scheck an seine Bank
15. Bank zahlt Bargeld aus
16. **Bezahlung per Nachnahme**
17. Käufer/Postbote
18. Postbote übergibt Ware
19. Käufer übergibt Geld
20. Geld wird an Bank des Verkäufers überwiesen
21. Post behält sogenannte Nachnahmegebühr

5.5 Bargeldlose Zahlungen

Wie bezahle ich am besten Miete und Telefon? – Bargeldlose Zahlungen

Möglichkeiten der bargeldlosen Zahlung

- unregelmäßige Zahlung → **Überweisung**
- regelmäßige Zahlung
  - Betrag gleichbleibend → **Dauerauftrag**
  - Betrag schwankend → **Einzugsermächtigung**

Merke: Wäge stets sorgfältig ab, welche Form der Zahlung du nutzen willst!

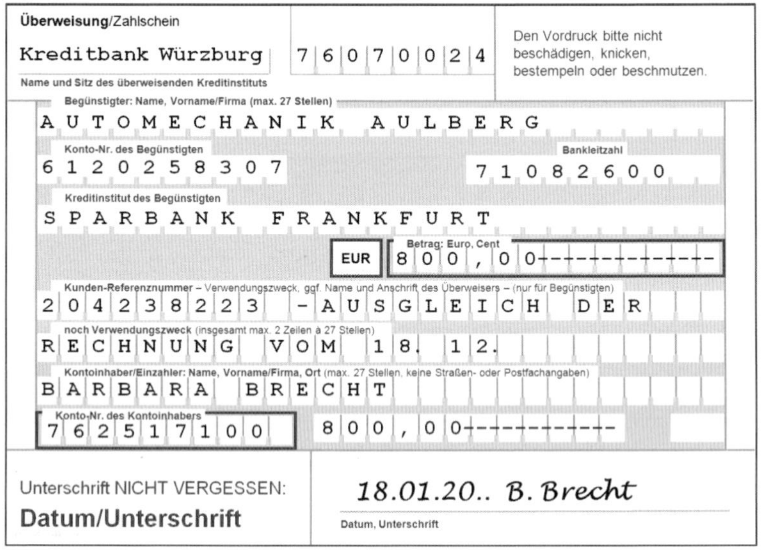
Überweisung/Zahlschein
Kreditbank Würzburg 7 6 0 7 0 0 2 4
Name und Sitz des überweisenden Kreditinstituts
Den Vordruck bitte nicht beschädigen, knicken, bestempeln oder beschmutzen.
Begünstigter: Name, Vorname/Firma (max. 27 Stellen)
AUTOMECHANIK AULBERG
Konto-Nr. des Begünstigten
6120258307
Bankleitzahl
71082600
Kreditinstitut des Begünstigten
SPARBANK FRANKFURT
EUR Betrag: Euro, Cent
800,00
Kunden-Referenznummer – Verwendungszweck, ggf. Name und Anschrift des Überweisers – (nur für Begünstigten)
204238223 -AUSGLEICH DER
noch Verwendungszweck (insgesamt max. 2 Zeilen à 27 Stellen)
RECHNUNG VOM 18.12.
Kontoinhaber/Einzahler: Name, Vorname/Firma, Ort (max. 27 Stellen, keine Straßen- oder Postfachangaben)
BARBARA BRECHT
Konto-Nr. des Kontoinhabers
762517100
800,00
Unterschrift NICHT VERGESSEN:
Datum/Unterschrift
18.01.20.. B. Brecht
Datum, Unterschrift

Dauerauftrag
- Sowohl Zahlungsintervall als auch Ausführdauer sind festlegbar.
- z. B. Miete, Leasingrate für Auto, Zeitungsabo

Einzugsermächtigung
- Gibt Drittem die Erlaubnis, Geld vom eigenen Konto abzubuchen.
- z. B. Telefon, KFZ-Versicherung

5.5 Bargeldlose Zahlungen

Didaktisch-methodische Hinweise

Die allgemeinen Hinweise (Jahrgangsstufe, Materialbezug) entsprechen denen des Tafelbilds 5.4 Halbbare Zahlungen. Wieder empfiehlt es sich, die Schüler selber die entsprechenden Vordrucke anhand von konkreten Beispielen ausfüllen zu lassen.

Während bei den halbbaren Zahlungen der Zahlungsverlauf im Vordergrund stand, wird in diesem Tafelbild der richtige Einsatz betont. Nicht immer ist die bequeme Einzugsermächtigung nötig und ratsam.

Eine konkrete Problemstellung kann als Einstieg genutzt werden. Den Schülern werden drei Zahlungsaufforderungen (z. B. Handwerkerrechnung, Mietvertrag und Telefonrechnung) präsentiert. Es soll entschieden werden, wie diese am besten beglichen werden sollen. Erfahrungsgemäß haben selbst jüngere Schüler schon von Überweisungen gehört. Die anderen Zahlungsarten sind aber weitestgehend unbekannt. Nachdem die Überweisung für die Handwerkerrechnung ausgefüllt wurde, kann dann mit dem Hinweis auf die Regelmäßigkeit der anderen Zahlungen das Tafelbild erarbeitet werden.

Zur Sicherung oder als Hausaufgabe bietet die Schulbank auf ihrer Internetseite (http://www.schulbank.de → Rubrik: Der große Geldtest → Downloads) schöne Arbeitsblätter zum Download an. Ferner findet man in dieser Rubrik Belegvorlagen für die Überweisung, den Dauerauftrag und die Einzugsermächtigung.

Erläuterungen zur Präsentation

1. Möglichkeiten der bargeldlosen Zahlung
2. un-/regelmäßige Zahlung
3. **Überweisung**
4. Überweisungsträger
5. Betrag gleichbleibend/schwankend
6. **Dauerauftrag**
7. Erklärung
8. Beispiele
9. **Einzugsermächtigung**
10. Erklärung
11. Beispiel
12. Merke

5.6 Plastikgeld

Wofür sind die vielen Karten in meinem Geldbeutel? – Plastikgeld

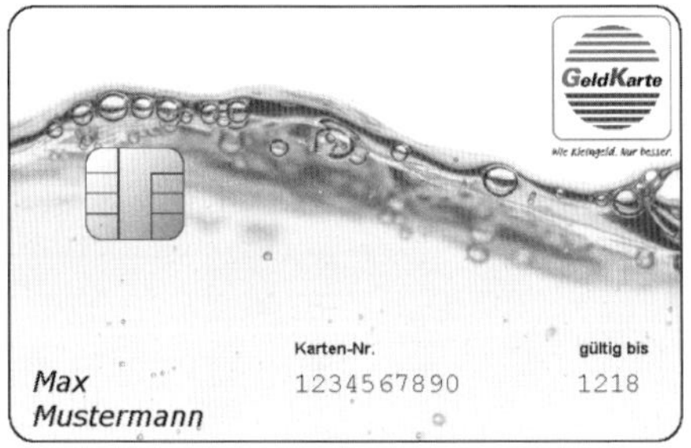

Girocard (ugs. EC-Karte)	Kreditkarte	Geldkarte	Kundenkarte
• Kunde zahlt mit PIN oder Unterschrift • Geld wird direkt vom Girokonto abgebucht (Debitkarte)	• Kunde zahlt mit Unterschrift oder nur mit Kartennummer • Geld wird erst am Monatsende abgebucht (Kredit)	• Kunde lädt Geld auf Chip (max. 200,– €) • Geld wird bei Bezahlung direkt von Chip abgebucht	• meist keine Zahlungsfunktion • Kundenbindungsprogramme (Bonus, Rabatt)
⇩	⇩	⇩	⇩
Kontostand im Blick behalten, um Überblick über Finanzen nicht zu verlieren!	Betrugsgefahr bei Internetzahlungen	Chip ist nicht PIN-geschützt	Kundendaten werden gesammelt (gläserner Kunde)

5.6 Plastikgeld

Didaktisch-methodische Hinweise

Man kennt das Phänomen, dass der Geldbeutel durch die vielen Karten immer dicker wird. Dieses Problem kann als Einstieg für die Schüler aufgegriffen werden, indem man seinen Geldbeutel öffnet und dann die vier Kartenarten an die Wand projiziert. (Will man das Tafelbild klassisch erstellen, kann man die Grafiken aus der PowerPoint-Folie vergrößern, auf DIN A4 ausdrucken und mit Magneten an der Tafel befestigen.) Schüler zeigen sich besonders begeistert, wenn man echte Karten durch die Reihen gehen lässt. Erfahrungsgemäß können die Schüler die Karten selbstständig benennen, sodass dann recht schnell mit einer Erarbeitung begonnen werden kann.

Zu den Kartenformaten seien ein paar Anmerkungen gemacht:

EC steht für „electronic cash", dem Debitkartensystem des Zentralen Kreditausschusses der BRD (bis 2002 stand EC allerdings für die Eurochequekarte, eine Garantiekarte für die Einlösung eines Eurocheques). Nachdem das EC-Kartensystem nur bedingt im Ausland akzeptiert wird, sind die meisten EC-Karten zusätzlich mit der Maestro-Funktion ausgestattet, eine Debitdienstleistung von Mastercard International. Damit wird die Karte auch teilweise im Ausland nutzbar.

Kreditkarten gibt es mit und ohne PIN. Ist ein PIN vorhanden, kann die Karte auch zum Abheben von Bargeld am Automaten genutzt werden. Für Zahlungen im Internet wird neben der Kartennummer meist auch das Ablaufdatum und die Kreditkartenprüfnummer (kleine Nummer auf Rückseite) abgefragt. Das heißt, dass ein unbefugter Dritter, der in den Besitz der Karte gelangt ist oder auch nur die eben aufgezählten Daten der Karte kennt, im Internet einkaufen könnte. Daher auch der Hinweis auf Gefahren im Tafelbild.

Erläuterungen zur Präsentation

1. Bilder aller vier Karten
2. Maestro-/Debitkarte
3. Kreditkarte
4. Geldkarte
5. Kundenkarte
6. Tabellengitter
7. Merkmale EC-Karte
8. Gefahr EC-Karte
9. Merkmale Kreditkarte
10. Gefahr Kreditkarte (Die Gefahr der EC-Karte gilt hier natürlich auch.)
11. Merkmale Geldkarte
12. Gefahr Geldkarte
13. Merkmale Kundenkarte
14. Gefahr Kundenkarte

6.1 Aufbau eines Fertigungsbetriebs

Wo genau arbeitet eigentlich Papa? – Aufbau eines Fertigungsbetriebs

Unternehmensleitung

Beispiele für Aufgaben der **Verwaltung**	**Personalwesen** • Einstellung • Entlassung • Fortbildung • Beurteilung	**Rechnungswesen** • Buchführung • Kalkulation • Planung • Statistik	**Finanzierung** • Liquiditätssicherung • Innen-, Außenfinanzierung
Gliederung entlang der Wertschöpfungskette	**Beschaffung ...** ... von Betriebsmitteln und Werkstoffen für die Produktion **Einkaufsabteilung**	**Produktion ...** ... von Fertigerzeugnissen **Produktionsabteilung**	**Absatz ...** ... (Verkauf) der Produkte **Vertriebsabteilung**

Merke Alle Abteilungen (auch nicht genannte, wie z. B. die Marketingabteilung) wirken vernetzt bei der betrieblichen Wertschöpfung mit.

6.1 Aufbau eines Fertigungsbetriebs

Didaktisch-methodische Hinweise

Stundenziel ist es, den Schülern einen Überblick über die verschiedenen Bereiche in einem Fertigungsunternehmen zu geben. Dabei wird eine zweiteilige Gliederung vorgenommen. Zum einen werden entlang der Wertschöpfungskette die verschiedenen Abteilungen vorgestellt, die direkt zur Herstellung bzw. zum Absatz eines Produktes benötigt werden. Zum anderen werden einzelne Abteilungen der Verwaltung aufgeführt, die nur indirekt zur Güterherstellung gebraucht werden, die aber mit ihrer Arbeit die Bereiche Beschaffung, Produktion und Absatz unterstützen. Eine solche gegliederte Auswahl erhebt nicht den Anspruch auf Vollständigkeit, soll den Schülern aber einen ersten Eindruck über die Vielschichtigkeit und Komplexität der industriellen Produktion geben.

Diese Stunde bietet sich als Vor- oder Nachbereitung einer Betriebserkundung an. Nutzt man sie als Vorbereitung, so kann den Schülern der Arbeitsauftrag erteilt werden, später die einzelnen Bereiche am konkreten Beispiel benennen zu können. Nutzt man das Tafelbild zur Nachbereitung, so kann man es aufbauend auf die gewonnenen Erfahrungen recht gut erarbeiten.

Alternativ kann zu Stundenbeginn mit einer der typischen „Sendung mit der Maus"-Produktionsgeschichten begonnen werden. Diese sind kurz und man kann darauf aufbauend die Produktion entlang der Wertschöpfungskette erarbeiten. Eine große Auswahl der „Lach- und Sachgeschichten" findet man auf der Homepage der Sendung mit der Maus unter der Rubrik „Podcasts".

Erläuterungen zur Präsentation

1. Fabrikumriss
2. Gliederung entlang der Wertschöpfungskette
3. Beschaffung
4. Erklärung Beschaffungsbereich
5. Produktion
6. Erklärung Produktion
7. Absatz
8. Erklärung Absatz
9. Beispiele für Aufgaben der Verwaltung
10. Personalwesen
11. Rechnungswesen
12. Finanzierung
13. Unternehmensleitung
14. Merke

6.2 Betriebsmittel und Werkstoffe

Aus was genau bestehen Fertigerzeugnisse? – Betriebsmittel und Werkstoffe

Betriebsmittel

Immobilien
- unbewegliche Gegenstände
- z. B. Grundstück, Gebäude, ...

Mobilien
- bewegliche Gegenstände
- z. B. Maschinen, Fuhrpark, ...

Arbeit → **Möbelfabrikant** ← Kapital

Werkstoffe

Rohstoffe
- Hauptbestandteil eines Produktes
- z. B. Holz, Furnier, ...

Hilfsstoffe
- Nebenbestandteil eines Produktes
- z. B. Leim, Schrauben, ...

Betriebsstoffe
- kein Bestandteil, da sie während der Produktion verbraucht werden
- z. B. Strom, Wasser, ...

Fremdbauteile
- wichtiger Bestandteil, der unverändert eingebaut wird
- z. B. Beschläge, Scharniere, ...

6.2 Betriebsmittel und Werkstoffe

Didaktisch-methodische Hinweise

Das Tafelbild gliedert die für die Fertigung notwendigen Inputfaktoren. Es integriert, ausgehend von einer herzustellenden Kommode, Betriebsmittel und Werkstoffe in einer Übersicht und deutet die klassischen Produktionsfaktoren Arbeit, Boden und Kapital an, wobei der Begriff Boden aus Gründen der didaktischen Reduktion weggelassen wurde.

Das Tafelbild bietet sich besonders als Vorbereitung für die buchhalterische Erfassung im Rahmen des Rechnungswesens an, da hier die Schüler wesentliche Bereiche der Bilanz (Anlage und Umlaufvermögen) kennenlernen und ferner lernen, Werkstoffe hinsichtlich ihrer Kontierung zu unterscheiden.

Ein Möbelstück als Ausgangsobjekt wurde deshalb gewählt, da man etwas Vergleichbares in der Regel in jedem Klassenzimmer findet und so das Anschauungsobjekt direkt vor Augen hat.

Für Schüler noch anschaulicher wird die Stunde, wenn man ein Objekt vor ihren Augen selber fertigt. Hierzu bieten sich z. B. kleine Styroporflieger an. Die Styroporbauteile sind die Hauptbestandteile und damit Rohstoffe. Als Fremdbauteil kann der aufsteckbare Plastikpropeller dienen. Klebt man diesen mit einer Heißklebepistole an das Flugzeug, so wurden Strom (Betriebsstoff) und Kleber (Hilfsstoff) verbraucht. Die weiteren Inputfaktoren lassen sich dann im Lehrer-Schüler-Gespräch erarbeiten.

Erläuterungen zur Präsentation

1. Kommode eines Möbelfabrikanten
2. Betriebsmittel mit Erklärung und Beispielen
3. Immobilien mit Erklärung und Beispielen
4. Mobilien mit Erklärung und Beispielen
5. Werkstoffe
6. Rohstoffe mit Erklärung und Beispielen
7. Betriebsstoffe mit Erklärung und Beispielen
8. Fremdbauteile mit Erklärung und Beispielen
9. Hilfsstoffe mit Erklärung und Beispielen
10. Arbeit
11. Kapital

6.3 Rechtsform der Unternehmung

e.K., KG, AG – was heißt das denn? – Rechtsform der Unternehmung

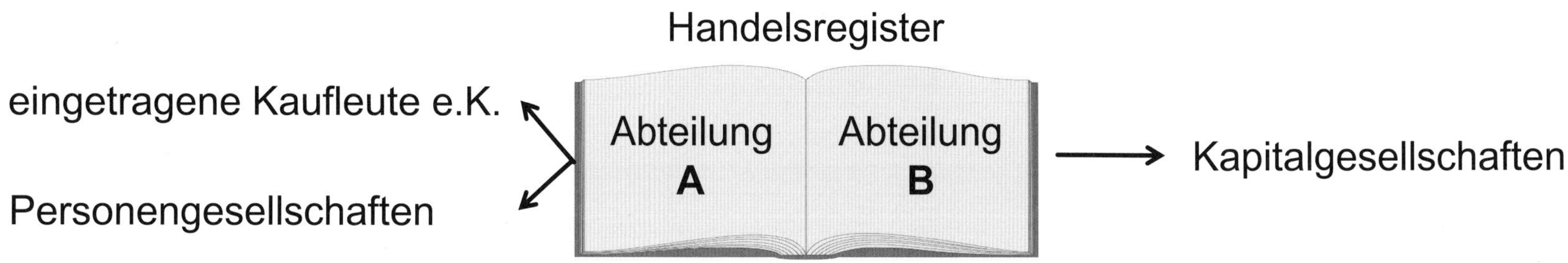

Merkmal	eingetragene Kaufleute (Einzelunternehmen)	Kommanditgesellschaft (Personengesellschaft)	Aktiengesellschaft AG (Kapitalgesellschaft)
Geschäftsführung	Einzelunternehmer	alle Komplementäre	Vorstand
Finanzierung	Vermögen des Einzelunternehmers	Vermögen von Komplementären und Kommanditisten	Ausgabe von Aktien
Haftung	Privat- und Geschäftsvermögen	Komplementär mit gesamtem Vermögen, Kommanditist mit Geschäftsvermögen	beschränkt auf das Geschäftsvermögen
Gewinn	komplett an Einzelunternehmer	Verteilung auf Komplementäre und Kommanditisten	Verteilung auf Aktionäre (Dividendenzahlung)

6.3 Rechtsform der Unternehmung

Didaktisch-methodische Hinweise

Den meisten Schülern sind schon Abkürzungen wie GmbH oder AG begegnet, ohne aber zu wissen, was sich dahinter verbirgt. Dementsprechend kann man den Schülern als Einstieg Rechnungen zeigen, auf denen die verschiedenen Abkürzungen der unterschiedlichen Rechtsformen zu sehen sind. Hieran schließt sich recht schnell die Frage an, ob es denn einen Unterschied macht, welche Rechtsform ein Unternehmen gewählt hat, womit man beim Stundenthema wäre.

Ferner kann man an konkreten Rechnungen die Einteilung der Rechtsformen im Handelsregister erarbeiten, da sich meist im Kleingedruckten die Handelsregistereintragung (z. B. Registergericht Gießen HRB 2110) findet.

Texte und Materialien zu der Thematik finden sich auf der Homepage der „Initiative Neue Soziale Marktwirtschaft" (http://www.wirtschaftundschule.de → Rubrik Unterrichtsmaterialien, Bereich Unternehmen & Markt). Die Texte mit den Schaubildern könnten für die Erarbeitungsphase genutzt werden, das Domino bietet sich zur Gesamtsicherung an.

Erläuterungen zur Präsentation

1. Handelsregister (mit Buchsymbol)
2. Abteilung A und B
3. eingetragene Kaufleute und Personengesellschaften
4. Kapitalgesellschaften
5. Tabellengitter
6. drei Beispiele für Gesellschaftsformen
7. Auflistung der Untersuchungsmerkmale
8. Unterschiede in der **Geschäftsführung**
9. Unterschiede in der **Finanzierung**
10. Unterschiede in der **Haftung**
11. Unterschiede in der **Gewinnverteilung**

6.4 Umweltschutz im Unternehmen

Warum kann man heute wieder im Main schwimmen? – Umweltschutz im Unternehmen

Unternehmenshauptziel: Gewinn

Konflikt

Umweltschutz kostet Geld

??? Warum betreiben Unternehmen trotzdem Umweltschutz ???

staatliche Vorschriften

Der Staat zwingt Unternehmen zu umweltschützenden technischen Maßnahmen.

- Abgasfilter
- Entsorgungsvorschriften

Kosten sparen

Unternehmen nutzen umweltschonende Technologie freiwillig, wenn sie kostensenkend ist.

- Wärmekopplung
- Leihverpackung

besseres Image

Umweltschutz schafft ein positives Unternehmensimage, was sich verkaufsfördernd auswirkt.

- Umweltzeichen
- Bioprodukte

6.4 Umweltschutz im Unternehmen

Didaktisch-methodische Hinweise

Umweltschutz ist zunehmend Gegenstand fächerübergreifender Lernziele und damit auch Teil des Wirtschaftsunterrichts. Zielsetzung des Tafelbildes ist es, den Schülern klar vor Augen zu führen, dass Unternehmen als ökonomisch handelnde Subjekte nur insofern zum Umweltschutz beitragen, als dies nicht mit dem Unternehmenshauptziel, der Gewinnerwirtschaftung, kollidiert. Lassen sich durch Umweltschutz Kosten einsparen oder durch ein positives Unternehmensimage die Verkäufe steigern, so steht dies im Einklang mit dem Hauptziel.

Darüber hinaus muss der Staat lenkend eingreifen. Das Tafelbild beschränkt sich auf die Darstellung von Umweltschutzvorschriften, die den Unternehmen technische Vorgaben machen. Dies leuchtet Schülern schnell ein und bedarf keiner tiefer gehenden Erklärung. Marktwirtschaftliche, anreizkonforme Umweltschutzkonzepte bedürfen allerdings eines hohen Maßes an Erklärung. Der CO_2-Zertifikathandel oder die Ökosteuer sind in ihrer Wirkungsweise weitaus komplexer, sodass dieser Art von Umweltschutzkonzepten besser eine eigene Unterrichtseinheit gewidmet werden sollte.

Erläuterungen zur Präsentation

1. Gewinn als Unternehmensziel
2. Umweltschutz kostet Geld.
3. Konflikt
4. Warum betreiben Unternehmen trotzdem Umweltschutz?
5. Tabelleneinteilung
6. **Staatliche Vorschriften**
7. Erklärung
8. Beispiele
9. **Kosten sparen**
10. Erklärung
11. Beispiele
12. **Besseres Image**
13. Erklärung
14. Beispiele